AF318903

LA

FRANCE ET L'ANGLETERRE

DEVANT

LE TRAITÉ DE COMMERCE.

LA

FRANCE ET L'ANGLETERRE

DEVANT

LE TRAITÉ DE COMMERCE

PAR

M. G. GOLDENBERG

ANCIEN REPRÉSENTANT

CONTENANT

LE TEXTE OFFICIEL DU TRAITÉ

ET

LE RAPPORT DES MINISTRES A L'EMPEREUR

PARIS

LIBRAIRIE NOUVELLE, 15, BOULEVARD DES ITALIENS

A. BOURDILLAT & Cie, ÉDITEURS

1860

BIBLIOTHÈQUE IMPÉRIALE IMPR.

LA FRANCE ET L'ANGLETERRE

DEVANT

LE TRAITÉ DE COMMERCE.

I.

Considérations générales sur le libre-échange.

La signature du Traité de commerce entre la France et l'Angleterre, est certainement un des faits les plus importants de notre époque; il supprime les prohibitions et semble vouloir réduire considérablement le système protecteur suivi en France depuis une quarantaine d'années.

C'est une véritable révolution opérée dans nos institutions économiques. Les conditions du travail national, du commerce et de l'industrie s'en trouveront profondément modifiées.

L'agriculture, soit directement, soit indirectement, en sera fortement atteinte, et le contre-coup se fera sentir même dans les arts et métiers et dans les professions libérales.

Aussi chacun se demande si la substitution du système libre-échangiste au système protecteur pour-

1

rait exercer une influence favorable ou défavorable sur la prospérité et la richesse de notre patrie.

C'est l'avenir qui se chargera de répondre à cette question; mais, en attendant, nous pensons qu'il nous sera permis, comme industriel français, d'exprimer notre opinion et nos appréhensions sur les  suites possibles du Traité commercial conclu entre la France et l'Angleterre.

En présence des grands intérêts qui sont en jeu, nous regardons comme un devoir d'apporter dans cet examen la plus grande impartialité et la plus parfaite modération; nous nous y croyons d'autant plus obligé, qu'il s'agit ici de principes et de systèmes, qui présentent chacun ses avantages et ses inconvénients, qui sont tous les deux rationnels à des points de vue divers, et dont l'un peut être préférable dans telle circonstance, tandis que le second le sera dans telle autre.

Il faut donc se défier de son propre jugement, lorsqu'il s'agit de se prononcer sur une question aussi importante, et ce n'est qu'avec une grande réserve que nous osons insister sur les considérations suivantes, qui nous ont été dictées par une longue pratique des affaires.

Quoique partisan sincère et convaincu de la protection, nous ne méconnaissons nullement le mérite des hommes qui cherchent à faire prévaloir

le système contraire. Comme preuve, il nous suffit
de mentionner que, malgré la divergence et le dés-
accord de nos opinions, nous considérons cependant
le chef de l'école du libre-échange, M. Chevalier,
comme l'un des hommes les plus distingués de notre
époque, et que nous sommes heureux de pouvoir
nous compter au nombre de ses meilleurs amis.

Certainement, il ne peut nous venir à l'idée de
nous comparer à lui; nous reconnaissons hautement
la grande supériorité de son génie et de ses vastes
connaissances; mais tout en nous inclinant devant
l'homme de science, nous croyons que, sur le terrain de la pratique, il a cependant pu commettre
des erreurs.

Le libre-échange, sans aucun doute, sera la règle
de l'avenir, mais pour cela il faut que nos conditions
sociales actuelles éprouvent encore de grandes modifications;

Il faut que le niveau des connaissances humaines
s'élève considérablement dans toutes les classes de
la société;

Il faut que l'humanité progresse au point que la
guerre ne soit plus à craindre et que le puissant
n'ait plus la velléité d'opprimer le faible;

Il faut enfin que la défiance disparaisse et que la
solidarité des peuples se substitue à l'antagonisme
des nations.

Mais sans aller même aussi loin, nous déclarons que nous serions volontiers libre-échangiste, si nous pouvions voir se réaliser en Europe, ce qui, sur une plus petite échelle, a été accompli en France, où les rivalités des anciennes provinces, avec leurs coutumes, leurs législations et leurs institutions différentes, ont été toutes confondues dans la grande unité française.

Les libre-échangistes citent très-souvent l'état actuel de la France comme une preuve de l'excellence de leur doctrine, en nous montrant les immenses avantages obtenus par l'abolition des entraves commerciales qui séparaient auparavant les anciennes provinces. Ils nous expliquent les bienfaits découlant de la facilité avec laquelle les productions agricoles et industrielles du midi s'échangent contre les productions agricoles et industrielles du nord de la France, sans être gênées par des douanes et des mesures prohibitionnistes ou protectrices de province à province.

Ils insistent sur cette circonstance, que tel département est surtout industriel, tel autre département surtout agricole; que telle contrée est particulièrement propre à telle culture, tandis qu'une autre contrée produit de préférence des substances d'une nature toute différente; que quelques départements seulement possèdent des mines de houille, quelques autres des usines métallurgiques, ceux-ci des fabriques de cotonnades, ceux-là des manufactures de draps ou de soieries, etc., etc.; et que les départements de notre patrie présentent, les uns vis-à-vis des autres, autant de différence, quant à la nature des productions, qu'on en remarque parmi les divers pays de l'Europe, et ils prétendent en tirer victorieusement cette conséquence :

Que, de même que les entraves et barrières commerciales sont tombées en France de province à province, au plus grand profit de tous, et sans qu'une partie du pays en ait eu à souffrir ou ait été sacrifiée en quoi que ce soit; de même l'abolition des entraves et barrières commerciales entre les différents peuples de l'Europe se ferait à l'avantage de tous et sans qu'un pays puisse se plaindre d'être sacrifié à l'autre.

Ce raisonnement serait parfaitement juste, si les rapports entre les diverses nations étaient pareils à ceux qui existent entre les différents départements de la France.

Ceux-ci sont tous sous le même sceptre et sous la même administration centrale; ils sont régis par les mêmes lois; ils jouissent des mêmes droits; ils paient les mêmes impôts; les poids et mesures, les monnaies sont les mêmes; ce qui est défendu dans l'un, l'est aussi dans l'autre, enfin il y a solidarité complète, et l'un des départements ne peut être prospère sans que tout le pays en ait sa part, de même que si un département est souffrant, tout le pays s'en ressent.

Tous viennent apporter leur part au budget, proportionnellement à leurs ressources, et certes, les dépenses du budget sont, dans une énorme proportion, plutôt des dépenses d'intérêt général que des dépenses d'intérêt local. Puis, un département ne peut jamais faire la guerre à l'autre; celui qui possède des mines de houille ne peut, à un moment donné, en défendre ou en entraver l'exportation; ceux qui produisent du fer et de l'acier ne peuvent en prohiber la sortie, aussi peu que ceux qui sont purement agricoles ne peuvent retenir, en cas de pénurie, les denrées alimentaires qui manquent dans les autres. En un mot, de département à département, il y a sécurité, fraternité et solidarité entière, et aucun ne peut même avoir la pensée, et encore moins le pouvoir d'exploiter et d'opprimer son voisin.

Eh bien! ce qui est vrai pour les provinces de la France l'est-il également pour les différents pays de l'Europe? Existe-t-il un pouvoir central, arbitre entre les diverses nationalités, impartial et désintéressé à l'égard de toutes, qui ait les moyens et la volonté de décider des contestations qui pourraient s'élever entre elles, et qui soit assez puissant pour rendre toute guerre inutile et impossible?

Les divers peuples n'ont-ils pas des gouvernements différents, souvent jaloux les uns des autres,
se surveillant avec défiance et trop enclins à faire
décider les questions controversées par la force plutôt que d'après les règles de l'équité et de la justice?

Les lois changent de pays à pays, ainsi que les
mœurs, les coutumes, les droits des citoyens et des
étrangers; les poids, les mesures, les monnaies, les
institutions civiles et administratives, tout est diffé-
rent.

Le degré de liberté dont jouissent les diverses nations est très-variable. Les unes sont gouvernées par un
pouvoir monarchique tout à fait absolu, chez d'autres
la puissance du souverain est plus ou moins limitée
par une représentation nationale, chez d'autres enfin
le gouvernement est démocratique.

Ce qui est défendu dans un pays est très-souvent
permis dans l'autre; les impôts sont répartis très-
inégalement: tel peuple paie des contributions excessivement fortes, tandis que chez tel autre les impôts
sont très-faibles; telle nation supporte le fardeau
d'une dette énorme, tandis que son voisin n'en a
point, ou seulement une dette publique peu considérable. Tel pays, à cause de sa position géographique, est obligé d'entretenir des armées de terre
formidables et très-coûteuses, tandis qu'un autre con-
sacre des sommes immenses à sa marine, et qu'un

troisième, au contraire, protégé par la nature ou par des circonstances politiques, n'a nul besoin d'une grande force militaire, et économise ainsi les frais considérables qu'elle occasionne.

Aujourd'hui la guerre peut encore, malheureusement, éclater entre les peuples, pour des causes même légères et impossibles à prévenir et à prévoir. Les exportations de matières premières, de houille, de fer peuvent, à un moment donné, être entravées, sinon prohibées. Même sans guerre, en cas de disette, par exemple, chaque nation a une tendance à penser d'abord à soi et à défendre l'exportation des denrées alimentaires, sans s'inquiéter des misères qu'elle peut causer par là à son voisin. En un mot, loin qu'il existe quelque solidarité entre les nations, comme cela a lieu entre nos départements; les peuples sont en présence l'un de l'autre avec des intérêts différents, souvent opposés, et chacun cherche constamment à s'élever, à s'agrandir et à s'enrichir, sinon au détriment des autres, du moins sans se préoccuper grandement du bien-être et de la prospérité du voisin.

D'après ce qui précède, il nous paraît incontestable que les arguments tirés de l'état actuel de la France, où le libre-échange existe entre les anciennes provinces, ne sont nullement applicables à l'Europe et ne peuvent être cités comme une démonstration en faveur du libre-échange parmi les diverses nations.

Au contraire, nous en tirons plutôt la conséquence que *chaque peuple doit soigneusemeut examiner quel est le régime qui garantit le mieux son indépendance, sa puissance, sa prospérité, et qui est le plus favorable au développement de sa richesse agricole et industrielle.*

II.

Influence de la protection.

L'Angleterre est certainement le pays le plus riche et le plus manufacturier qui existe; celui dont l'organisation industrielle est la plus parfaite et la force de production la plus grande. Elle a ses relations établies dans toutes les parties du monde, et pour l'industrie fondamentale, c'est-à-dire pour l'industrie métallurgique, elle se trouve dans des circonstances exceptionnellement favorables, et telles qu'elles ne se rencontrent plus dans aucun autre pays de l'ancien continent.

Nous comprenons donc parfaitement qu'elle cherche à faire triompher partout les principes libre-échangistes, dont elle ne peut retirer que des avantages et des profits et un accroissement de puissance et de richesse. En effet, elle n'a pas à craindre de rivale, elle est encore toujours la maîtresse des mers, et elle peut défier et même souvent écraser la concurrence d'une autre nation.

Mais pour la France, les conditions ne sont pas les mêmes. Dans notre livre *Libre-échange et Protection* nous avons indiqué les raisons pour lesquelles les Anglais ont sur nous une grande supériorité quant aux industries fondamentales, c'est-à-dire celles du combustible, du fer, du coton et de la laine, industries qui occupent des millions d'ouvriers et qui emploient des milliards de capitaux.

Jusqu'à ce que les partisans du libre-échange aient prouvé, par des chiffres, que dans ces industries la France possède les mêmes ressources que l'Angleterre, nous persistons à soutenir que, dans la lutte, les Anglais nous seront supérieurs et remporteront la victoire.

Comment en douter, si l'on considère que l'Angleterre a le combustible et le fer à des prix inférieurs à ceux de n'importe quel pays? Le fer, et partant l'acier à bas prix, donnent aussi des machines à bon marché, lesquelles, mises en mouvement par un combustible à la fois d'excellente qualité et peu cher, représentent de la main-d'œuvre au plus bas prix possible. Mais non-seulement cette main-d'œuvre exécutée par les machines est la moins dispendieuse, elle est en même la plus expéditive, la plus régulière, la plus invariable, la plus parfaite, et, par-dessus tout, la plus infatigable.

En outre, l'Angleterre peut se procurer les matières premières de provenance étrangère aux prix les plus réduits. Ses vaisseaux marchands couvrent les mers; partout elle a des comptoirs, au moyen desquels elle achète de première main; la marchandise arrivée par mer (c'est-à-dire par la voie la

moins dispendieuse) dans un port anglais, n'a plus
à faire qu'un très-court trajet sur chemins de fer ou
sur canaux pour arriver à la manufacture qui doit
la transformer. Les frais de transport sont donc les
plus minimes possibles.

On n'a peut-être pas assez apprécié l'immense
avantage qui résulte pour l'Angleterre de sa confi-
guration géographique; c'est-à-dire que, d'un point
quelconque de ce pays, on peut arriver dans deux
ou trois heures à la mer, ce grand chemin naturel
du commerce du monde.

En France, il y a bien des départements, et des
plus industriels, où, pour arriver à la mer, il faut
cinq ou six fois plus de temps, et payer par conséquent des frais de transport cinq ou six fois plus
considérables.

Ceci démontre que la grande étendue de notre
territoire, si avantageuse sous tous les autres rapports, devient très-onéreuse lorsqu'il s'agit de concourir avec l'Angleterre pour les frais de transport
des matières premières ou des marchandises fabriquées. Et comme ces frais sont souvent très-considérables, il faut les prendre en sérieuse considération dans l'appréciation des questions de commerce
international.

L'Angleterre a donc la matière première, le combustible, les machines et les transports à meilleur

marché que nous ; mais les capitaux, qui constituent le nerf et l'âme de l'industrie, y sont aussi à
la fois plus abondants et moins chers. En payant
3 fr. d'intérêt, on n'obtient en France que 68 fr. de
capital, tandis qu'en Angleterre on obtient 96 fr.

Ajoutons enfin, que tout, en Angleterre, jusqu'à
la législation, favorise la conservation des grandes
fortunes, et avec elles la mise en activité des grands
capitaux.

L'héritage ne se divise pas, comme en France,
entre tous les enfants, mais le fils aîné recueille la
succession de ses parents.

Les Chèques, les Warrants, les Drawbaks, le
système des banques, tout est calculé dans l'Empire
britannique pour rendre les capitaux aussi dispo-
nibles que possible, et pour les empêcher de s'immobiliser en s'éparpillant en une multitude de mains
et de petites réserves.

Voilà donc l'Angleterre avec les capitaux, les machines et la matière première à meilleur marché
qu'en France. Évidemment le produit fabriqué devra aussi être meilleur marché et, comme conséquence le manufacturier français, malgré son zèle,
son activité, son intelligence, ne pourra soutenir la
concurrence contre le fabricant anglais.

Entrer en ce moment dans la voie du libre-échange
en France, serait donc, à notre avis, mettre en péril
notre industrie et notre travail national.

N'aurait-il pas mieux valu se lier d'abord avec des pays moins redoutables que l'Angleterre, avec des nations dont le développement industriel et manufacturier est à peu près égal ou un peu inférieur à celui de la France ?

On se serait ainsi préparé à la grande et formidable concurrence avec la nation la plus puissante en industrie, et peut-être avant trop longtemps notre pays, qui a fait des progrès si étonnants depuis trente ans, aurait-il été en état, sans trop de désavantage, de soutenir la lutte avec l'Angleterre.

Celle-ci, on ne peut le nier, possède en fait de commerce et d'industrie un savoir-faire, une habileté, une pratique, qui sont le résultat d'une expérience plus que centenaire, et qu'aucune autre nation n'a pu encore atteindre jusqu'à présent.

Ce sont les Anglais eux-mêmes qui l'ont proclamé, et peut-être ferions-nous bien d'en prendre note et d'en faire le sujet de sérieuses réflexions. Qu'il nous soit permis d'en citer quelques exemples.

Le célèbre Robert Peel, dans son exposé des réformes commerciales, s'est exprimé ainsi :

« Malgré l'augmentation des droits imposés sur
« nos produits manufacturés par les autres pays, le
« chiffre de nos exportations s'est certainement élevé
« sur le marché étranger ; nous avons défié nos con-
« currents, nous avons fini par les exclure, et, en

« dépit de leurs tarifs protecteurs, nous les avons
« battus sur leur propre terrain[1]. »

Dans le *Moniteur universel* du 19 janvier 1860, à
propos du canon Armstrong, nous lisons :

« Mais au-dessus de ces petits mystères existe la
« meilleure de toutes les sauvegardes sous lesquelles
« puisse être placé un procédé de fabrication, secret
« qui ne peut être ni révélé, ni dérobé : c'est une
« habileté manufacturière et industrielle sans rivale.
« Les Anglais sont le premier peuple du monde
« pour leur intelligence et leur habileté dans le tra-
« vail du fer, et le canon Armstrong, pris dans son
« ensemble, est, pour sa force, sa légèreté et la mi-

---

[1] Dans son remarquable discours, prononcé au Corps législatif lors de
la discussion sur le projet de loi relatif au tarif des laines, etc., le
rapporteur, M. Pouyet Guertier, a résumé en ces termes la substance du
discours de sir Robert Peel, dont nous avons seulement cité le passage
ci-dessus :

« Quel est celui des économistes qui oserait venir dire ici ce que sir
« Robert Peel disait à ses compatriotes : Vous êtes depuis deux siècles
« en possession de la plus profonde sécurité. Aucune révolution n'est
« venue entraver vos progrès et vos développements. Considérez votre
« position, les avantages que Dieu et la nature vous ont accordés, la
« destinée qui vous attend ! L'étendue de vos côtes vous assure la force
« et la supériorité maritime ; le fer et le charbon, ces nerfs de l'indus-
« trie, donnent à vos manufactures d'immenses avantages sur celles de
« tous vos rivaux ; votre capital est décuple de celui dont ils peuvent
« disposer. Vous n'avez rien à redouter. Vous êtes les plus forts. Ac-
« ceptez donc franchement la lutte, vous battrez vos adversaires sur
« leur propre terrain. Nul ne pourra désormais vous faire concurrence
« sur les marchés étrangers ; ouvrez vos portes, votre exemple sera
« suivi, et ce jour-là vous serez devenus pour toujours les maîtres du
« commerce et de l'industrie du monde. »

« nutieuse précision mathématique de toutes ses
« parties, le plus admirable spécimen d'ouvrage en
« fer forgé qui ait jamais été fabriqué dans ce pays.

« Les directeurs des ateliers de construction du
« canon Armstrong sont tellement convaincus de
« la vérité de ces faits, que le public pourrait être
« admis sans la moindre crainte que le soi-disant
« mystère soit jamais pénétré. »

Avec une telle supériorité, nous comprenons parfaitement que les mauufacturiers anglais réclament
le libre-échange, qui ne peut que leur être avantageux.

En France, au contraire, ce sont les manufacturiers qui le redoutent et qui le repoussent de toutes
leurs forces.

A la vérité, on a vu un certain nombre de Chambres
de commerce donner leur complète approbation au
Traité entre la France et l'Angleterre.

Cependant nous ferons observer que les Chambres
de commerce sont en général composées plutôt de
négociants que de manufacturiers, et certainement,
le négociant et le commissionnaire ont intérêt à ce
que les transactions commerciales se multiplient,
comme cela aura lieu infailliblement lorsque l'Angleterre inondera la France de ses produits.

Mais n'oublions pas que le négociant ne représente que sa maison et son commerce, tandis que

le manufacturier représente souvent des milliers d'ouvriers et des établissements d'une valeur considérable.

C'est aussi bien pour ses ouvriers que pour lui-même, qu'il redoute la concurrence libre des manufacturiers anglais, en tenant compte des forces inégales avec lesquelles il devra les combattre.

Car, en définitive, dans le cas du libre-échange et d'une lutte industrielle entre les deux pays, l'un viendra avec la vigueur, la force, la raison et l'expérience de l'âge mûr; l'autre avec l'élan et l'enthousiasme de la jeunesse, mais aussi avec son inexpérience et sa constitution moins robuste.

Pour rendre plus sensible la situation réciproque dans laquelle se trouvent la France et l'Angleterre, nous les comparerons à deux villages placés à la proximité l'un de l'autre.

Dans l'un de ces villages existent des vergers plantés depuis un grand nombre d'années, bien soignés, bien cultivés et produisant toute espèce de fruits, que cette localité vend avantageusement à l'autre village où de pareils vergers n'existent pas.

Les habitants de ce village, après avoir subi cet état de choses pendant assez longtemps, reconnaissent à la fin qu'ils feraient bien d'établir aussi chez eux des vergers pour produire sur leur propre territoire les fruits nécessaires à leur consommation.

La municipalité, par une décision approuvée et mise à exécution par le maire de la commune, pour encourager un certain nombre d'habitants à faire la dépense d'établissement de vergers et pour en favoriser la culture, frappe d'un octroi les fruits venant du village voisin. On stipule, en même temps, que le produit de cet octroi serait employé pour subventionner l'école, améliorer les routes, etc., en un mot, pour faire face à une partie des dépenses urgentes de la commune.

Par suite de cette protection accordée à la culture des arbres fruitiers, un certain nombre de champs non cultivés ou d'un médiocre rapport, sont convertis en vergers.

Au bout de peu d'années, grâce à l'octroi, les vergers sont d'un assez bon rapport, et leurs propriétaires y trouvent non-seulement une rémunération de leurs peines et un intérêt suffisant du capital qu'ils y ont appliqué, mais encore un encouragement à planter de nouveaux arbres et à cultiver de nouvelles espèces de fruits.

A la vérité, les vergers sont encore loin de rapporter autant que ceux du village voisin, où les arbres sont tout à fait développés et dans toute leur vigueur, et où l'expérience a enseigné des procédés d'exploitation à la fois plus parfaits et plus économiques.

Les fruits y sont donc encore à meilleur marché que dans le village dont les vergers ne sont pas aussi avancés. Cependant l'on peut déjà prévoir qu'avant trop longtemps, peut-être dans une vingtaine ou trentaine d'années, l'équilibre sera établi et la production des fruits se fera dans les mêmes conditions. Il n'y aura d'exception que pour quelques terrains d'une exposition particulièrement favorable, situés tout aussi bien dans l'une comme dans l'autre commune, et qui feront que l'une des communes produira de préférence et avec une supériorité marquée telle espèce de fruits, tandis que l'autre commune excellera dans la production d'une autre espèce. Tout cela n'est plus qu'une question de temps.

Eh bien! que dirait-on si le maire de la seconde commune, trop impatient, venait un beau jour déclarer que les habitants paient les fruits trop cher; qu'ils ont été trop longtemps exploités par les propriétaires des vergers; que c'est la faute de ces derniers si leurs arbres ne rapportent pas autant que ceux de leurs concurrents du village voisin, que dans l'intérêt de tous, il faut abolir l'octroi, pour permettre aux habitants d'acheter les fruits au meilleur marché possible[1].

[1] La comparaison serait peut-être plus exacte: si le maire déclarait qu'il fallait de suite arracher tous les arbres qui ne portent pas encore autant de fruits que les arbres plus âgés et plus développés de la commune voisine.

Évidemment les propriétaires des vergers viendraient représenter au maire que leurs arbres encore trop jeunes, trop peu développés, ne peuvent rapporter autant que des arbres plus vieux et plus vigoureux; que leurs vergers exigent encore des dépenses, qui plus tard ne seront plus si fortes et qu'il serait juste d'attendre encore pour leur permettre de se fortifier. Ils demanderaient qu'on fît au moins une enquête pour voir si la suppression de l'octroi ne les ruinerait pas, en abaissant le prix des fruits au point que la récolte des vergers ne pourrait plus même payer les frais de leur exploitation.

Mais, si malgré ces considérations, le maire et la municipalité persistaient dans l'abolition de l'octroi, évidemment les propriétaires de vergers se verraient dans l'obligation d'abandonner la culture des fruits; et finalement de laisser de nouveau leurs champs en friche.

Il serait enfin très-facile à prévoir que les propriétaires de vergers de l'autre commune s'empresseraient de hâter la ruine d'une culture rivale, en vendant les fruits au meilleur marché possible et même sans aucun bénéfice, quittes à hausser plus tard considérablement les prix, quand il n'existerait plus trace de verger dans le village voisin.

Ce que nous venons de dire aura encore bien plus de force, si l'on ajoute la supposition que ces villages, loin d'appartenir à la même nation, forment deux États indépendants, entre lesquels il peut éclater des dissentiments et des hostilités qui amèneraient la prohibition d'exportation des fruits.

Dans un pareil cas, il est évident que le deuxième village, dans son propre intérêt, devrait même faire au besoin un sacrifice, pour que la culture des vergers ne soit jamais abandonnée, et que les habitants n'aient jamais à craindre de manquer de fruits.

Telle est à peu près la situation de la plupart des industries de la France, vis-à-vis des industries similaires anglaises.

Depuis environ deux siècles, l'Angleterre travaille à son élévation, à la consolidation et à l'agrandissement de sa puissance, avec une énergie, une persévérance et une intelligence qui font l'admiration de tous ceux qui l'observent.

Par son acte de navigation, sous Cromwell, elle posa les bases de sa force maritime et commerciale, tout en ruinant du même coup la puissance de la Hollande, sa seule rivale d'alors.

C'est à partir de cette époque que l'Angleterre, appréciant bien les avantages de sa position, s'efforça d'en tirer le plus grand parti possible. Elle décréta des lois destinées à procurer la protection la plus efficace à son commerce, à son industrie et à son agriculture ; elle fut puissamment secondée dans cette œuvre par les réfugiés français, qui, chassés de leur patrie, lors de la révocation de l'Édit de Nantes, vinrent lui apporter leur expérience et leurs connaissances industrielles [1].

Pour remédier à l'exiguité de son propre territoire, elle chercha à se développer et à s'agrandir à l'extérieur; fondant partout des colonies et des comptoirs, accaparant les positions les plus importantes pour le stationnement de ses navires de guerre et pour la sécurité de ses flottes commerciales; subjuguant par la ruse et la force des territoires immenses, elle a fini par devenir une des puissances prépondérantes de notre globe.

[1] Nous sommes bien aise de pouvoir citer, à l'appui de notre assertion, deux extraits d'un ouvrage très-intéressant et extrêmement remarquable, l'*Histoire des réfugiés*, par M. Weiss, professeur d'histoire au lycée Bonaparte.

Cet ouvrage, écrit au point de vue philosophique, religieux et historique, est plein d'aperçus aussi neufs que judicieux, et dénote chez l'auteur des connaissances à la fois profondes et variées et des études des plus consciencieuses. Aussi les observations de M. Weiss sont-elles d'une haute portée, et méritent d'être sérieusement méditées.

Il a montré, de la manière la plus frappante, que les questions de commerce et d'industrie exercent une influence immense sur la richesse et la puissance d'un pays, et que de leur bonne solution dépendent souvent les destinées d'un peuple.

Il serait à désirer que l'attention des historiens se reportât plus généralement sur ces sujets d'une importance si vitale, et dans lesquels on trouverait plus souvent qu'on ne serait disposé à le croire au premier abord, la raison véritable des grands événements du monde.

Dans l'un des extraits on découvre l'origine de la grande puissance et de la richesse de l'Angleterre.

Dans l'autre on trouve développée une des causes principales de la décadence de la Hollande. (Voir aux notes justificatives.)

Grâce à la sécurité la plus complète dont jouissaient les Anglais par suite de leur position insulaire, qui, jointe à leur puissance maritime, les mettait à l'abri de toute invasion, leurs manufactures et leur commerce purent se développer à loisir, d'autant plus que la législation tendait constamment vers ce même but.

C'est ainsi que fut établie la loi qui affranchissait tout Anglais du service militaire et qui empêchait que les intelligences et les bras ne fussent enlevés à l'industrie, au commerce et à l'agriculture.

Pendant que l'Angleterre assurait ainsi à l'intérieur sa force, sa prospérité et sa richesse nationale, elle veillait avec non moins d'habileté à sa prépondérance dans les affaires politiques extérieures.

Elle fut malheureusement trop bien secondée dans ses efforts par l'aveuglement et l'inintelligence des puissances continentales, qui se déchiraient constamment entre elles.

La guerre était devenue la règle, et la paix l'exception; de sorte que tous les pays de l'Europe étaient dans un état permanent de trouble et d'agitation, et que les entreprises commerciales et industrielles y étaient bouleversées à chaque instant; tandis qu'en Angleterre elles florissaient dans une sécurité parfaite.

Ce n'est qu'après les dernières guerres de l'empire, que les États de l'Europe ont commencé à mieux comprendre leurs véritables intérêts. Une longue paix et une bonne protection douanière, établie en imitation des Anglais, ont développé sur le Continent le bien-être, l'intelligence et l'amour du travail. Le commerce et l'industrie, longtemps comprimés, prirent un rapide essor et arrivèrent promptement, surtout en France, à un développement et à une extension des plus considérables.

Ils finirent par donner de l'inquiétude aux Anglais, et ceux-ci voyant le danger qu'il y avait pour leurs industries, de maintenir une législation par suite de laquelle les ouvriers payaient le pain le double et le triple de ce qu'il coûtait chez d'autres peuples [1], se décidèrent, mais seulement il y a quinze ans, à abolir cette législation et à entrer dans la voie du libre-échange.

Ainsi donc, pendant cent cinquante ans, les manufactures de l'Angleterre se sont développées à la faveur d'un régime essentiellement protecteur. Sous ce régime elles ont acquis cette puissance de production étonnante qui les caractérise, et qui leur a permis d'arborer les principes du libre-échange, certaines qu'elles étaient qu'aucune concurrence ne serait assez forte, assez vigoureuse, pour pouvoir entamer ou supporter la lutte.

[1] En 1815 le Parlement vota une loi défendant l'entrée du froment en Angleterre, tant que l'hectolitre n'aurait pas atteint le prix de 35 fr.

En France, le régime protecteur n'existe que depuis quarante ans, environ le quart du temps pendant lequel il a fonctionné en Angleterre. Les résultats de ce régime ont été admirables.

Mais on ne peut s'attendre à ce que la nation française, malgré son activité, son génie et son esprit inventif, ait pu acquérir en quarante ans, cette habitude des affaires, cette organisation industrielle et cette habileté commerciale que la nation anglaise n'a pu s'approprier qu'après un siècle et demi.

Quarante ans sont une période très-courte dans la vie d'une nation, surtout lorsqu'il s'agit de l'introduction et du développement de nouvelles industries dans le pays.

Ce laps de temps paraîtra d'autant plus restreint, si l'on songe qu'on accorde à un individu qui a fait une invention, de quelque peu d'importance qu'elle soit, quinze années entières pour exploiter sa découverte, et que pendant ce temps il a un monopole exclusif pour pouvoir en retirer le plus de profit possible.

Certainement l'industrie française a fait dans ces quarante années de protection des progrès immenses, progrès qui ont étonné le monde entier, lorsqu'ils ont été constatés par les expositions universelles. Ils sont tels que la France pourrait parfaitement adopter le système du libre-échange vis-à-vis du plus grand nombre des autres pays de l'Europe ; mais il n'en serait pas de même vis-à-vis de l'Angleterre, laquelle est en possession d'une organisation industrielle unique dans le monde et qui ne se laisse nullement improviser, quelque génie qu'on suppose, soit au gouvernement, soit à la nation.

Il est possible qu'une période de vingt à trente années de continuation du régime protecteur, suffirait pour nous rendre assez forts pour supporter la concurrence de l'Angleterre.

Mais dans l'état actuel, nous craignons excessivement que la lutte commerciale et industrielle qui va s'établir entre les Français et les Anglais ne nous devienne funeste. Et si notre belle industrie était brisée, ou même seulement très-fortement amoindrie, non-seulement nous perdrions le bénéfice des progrès déjà accomplis depuis quarante années, mais il est probable que jamais, ou du moins pendant bien longtemps, nous ne pourrions nous relever d'un pareil échec.

Pourquoi donc vouloir abandonner un régime qui, jusqu'à ce jour, nous a si bien réussi, et qui a produit de si beaux résultats ? car c'est à lui, à la confiance et à la sécurité qu'il a inspirée, que nous devons la fondation, les progrès et le développement de nos diverses industries.

C'est sous l'influence de la protection, que le

commerce, marchant de pair avec l'industrie, a pris une importance et une extension si considérables.

En examinant de près, on ne trouverait peut-être pas dans l'histoire de l'industrie et du commerce anglais, une période de progrès et d'activité comparable à celle dont la France a été témoin dans ces dernières années.

Toutes les fortunes, toutes les individualités ont pris part à ce beau mouvement, aussi bien les descendants des plus anciennes et des plus illustres familles, que le petit rentier, l'artisan, l'agriculteur, etc. Les petits capitaux se sont associés pour constituer ces grands capitaux, au moyen desquels ont été exécutées ensuite de si importantes entreprises et se sont fondés de si vastes établissements.

Et certainement ces derniers présentent le plus de chances d'un succès stable, puisque c'est une vérité universellement reconnue, que la production sur une très-grande échelle est le moyen de produire à très-bon marché.

Pour se convaincre de la réalité de ce magnifique mouvement d'activité industrielle, on n'a qu'à consulter les tableaux publiés chaque année par le gouvernement sur le chiffre des importations et des exportations. A aucune époque les exportations n'ont atteint un chiffre aussi colossal que maintenant.

Nous ne saurions trop insister sur ce fait, que

c'est sous l'influence du système protecteur que le pays a acquis ce degré de puissance, de force et de prospérité qu'il présente à notre époque.

Les résultats de ce système ont été, pendant ces quarante années, assez beaux, assez considérables, pour qu'il ne soit pas permis de le condamner et de le mettre de côté sans un examen des plus approfondis et les motifs les plus puissants.

C'est grâce à ce système que la France supporte sans difficultés le fardeau d'un budget énorme, et que le gouvernement a trouvé, à plusieurs reprises, des ressources financières qui ont fait l'étonnement du monde entier, et qui lui ont permis de prendre le premier rang parmi les grandes puissances européennes.

Nous ne croyons pas qu'il y ait une autre nation, pas même la nation anglaise, qui, à l'appel d'un emprunt de quelques millions, ait répondu par l'offre de quelques milliards.

Partout chez nous, il y a sécurité et tranquillité, et partout on constate les progrès les plus rapides et les plus variés. Grâce à cet état de choses, le pays, avec l'aide du gouvernement, a pu réorganiser non-seulement ses administrations civiles et militaires, mais encore ses institutions commerciales, industrielles et agricoles. Et peu à peu nous arrivions à une organisation à la fois plus simple, plus économique et plus appropriée aux besoins de toutes les classes de la société, et cette organisation nous aurait beaucoup facilité la lutte industrielle avec les autres pays.

Le régime protecteur, qui n'a jamais appauvri une nation et qui, sous l'influence seule de la concurrence intérieure, pousse au développement de toutes les forces naturelles d'un pays, était pour nous un régime éprouvé, connu, donnant des résultats certains. Le libre-échange c'est l'inconnu et l'incertain, et il y a des exemples, où il a causé la ruine et la dégradation d'un peuple, jadis puissant et florissant.

Ce que nous observons dans d'autres pays est certes bien fait pour nous faire apprécier davantage les bienfaits du système protecteur. Prenons, par exemple, l'Allemagne et le Zollverein.

L'Allemagne possède, sous le rapport des productions du sol et des mines, des matières premières et de la population, des ressources industrielles presque égales à celles de la France.

A l'époque où, grâce au système protecteur, commença le développement manufacturier et industriel de la France, l'Allemagne présentait l'aspect le plus triste et le plus désolant. Chaque petit pays avait ses douanes et ses barrières, et cependant, vis-à-vis de l'Angleterre et des autres pays manufacturiers, il n'existait que des droits de douane tout à fait insignifiants.

Un homme de génie, *List*, vint signaler ce désordre et, posant le premier les principes rationnels de la protection, il prêcha l'abolition des entraves à l'intérieur, et par contre l'union et la solidarité contre l'extérieur, et devint ainsi le promoteur de l'association douanière allemande.

Le Zollverein, avec la Prusse à la tête, est la réalisation quoique imparfaite, des projets de List, auquel la reconnaissance de ses compatriotes veut maintenant élever des statues, après qu'on eut laissé l'homme mourir de désespoir.

Le Zollverein a sauvegardé l'Allemagne, mais pas d'une manière suffisante : l'état de l'industrie dans le Zollverein en est la preuve. Si l'on avait suivi les idées si intelligentes et si vraies de List, l'Allemagne serait certainement, à l'heure qu'il est, un des premiers pays manufacturiers.

Malgré l'impulsion donnée à l'industrie allemande par l'institution du Zollverein, son infériorité en général, vis-à-vis de la France, a cependant été constatée d'une manière bien évidente, non-seulement par les expositions universelles, mais plus encore par les circonstances politiques des dernières années; car lorsqu'il s'est agi d'un emprunt national en Allemagne, on a pu à grand'-peine obtenir quelques millions, là où la France a pu offrir des milliards.

Ce mauvais état des finances des pays allemands, et le peu de ressources qu'offre leur population, ne sont que la conséquence d'un régime douanier qui est un moyen terme entre la protection et le libre-échange et qui penche plutôt vers ce dernier que vers la première. Et cependant le caractère du peuple allemand·le rend très-apte au travail industriel, tant par son intelligence, son habileté, sa persévérance, que par ses goûts modérés et sa manière de vivre simple et modeste.

De ce qui précède, il résulte clairement que c'est dans l'état florissant, dans le nombre et l'activité de ses manufactures, que réside la source principale de la richesse et de la prospérité d'une nation. Il est en effet facile de démontrer que tout se relie et se tient dans l'ordre économique, et que le bien-être de l'un devient la source du bien-être de son prochain.

L'amélioration du sort des ouvriers a été la première conséquence du développement industriel. Au début, l'industrie trouvant plus de bras qu'elle n'en pouvait employer, les salaires étaient peu élevés; mais à mesure que les manufactures se sont multipliées et agrandies, qu'elles sont parvenues à éliminer les produits étrangers du marché indigène, il leur a fallu un plus grand nombre de bras; la main-d'œuvre étant plus demandée qu'offerte, les salaires ont augmenté graduellement.

On peut dire qu'en général, dans notre pays, le prix de la main-d'œuvre a augmenté du tiers.

Les ouvriers, gagnant davantage, sont à leur tour devenus consommateurs plus forts de produits agricoles et industriels. L'agriculture a trouvé par la consommation de la population ouvrière des ressources nouvelles, et c'est ainsi que l'effet, se transformant à son tour en cause, la prospérité générale a suivi une marche ascensionnelle en rapport avec le développement industriel.

Nous voyons donc que le bien-être et le confort ont pu pénétrer jusque dans les classes les moins favorisées de la société, soit par suite de gains nouveaux et nombreux que l'industrie offrait, soit par suite de réductions considérables dans le prix des produits industriels, amenées par le seul fait de la concurrence intérieure et de perfectionnements successifs.

Nous pouvons citer à cet égard presque tous les objets fabriqués dits de première nécessité, et surtout les dérivés des matières textiles. A aucune époque on n'a payé, en France, les effets d'habillement à aussi bon marché que maintenant.

Il ne faut pas perdre de vue, que ce n'est pas seulement par la consommation directe des produits agricoles et industriels que le bien-être de la population générale s'est élevé, mais encore par cette tendance, qu'on remarque dans toutes les classes de la société, d'imiter celles qui, en raison de leurs ressources et de leurs gains plus forts, peuvent se permettre certaines dépenses, dans le but de se procurer, non-seulement des objets de première nécessité, mais encore des objets d'agrément et de luxe.

Dans un pays uniquement agricole, les ressources étant limitées, les revenus très-modiques, on voit la population viser généralement à une grande économie; on se restreint au nécessaire, à l'indispensable et on s'habitue même à vivre misérablement. De là aussi une certaine apathie, un manque d'activité et d'énergie, qui prédisposent ces nations à courber facilement la tête sous le joug de peuples plus actifs et plus entreprenants.

Le contraire a lieu dans le pays de grande industrie. Là, il y a un grand nombre d'individus qui, gagnant beaucoup peuvent dépenser beaucoup, qui s'habituent à une certaine aisance, et qui s'efforcent par leur travail et leur activité à se procurer toujours les ressources nécessaires pour satisfaire des penchants et des habitudes qui se sont transformés en besoins.

La vue continuelle d'hommes mieux vêtus, mieux logés et mieux nourris, stimule les autres à les imiter. Mais comme on ne se procure un objet qu'en offrant son équivalent, soit en argent, soit en produits, soit en talent ou en travail, il en résulte une tendance générale de la population à utiliser ses forces et ses moyens de la manière la plus avantageuse. Toutes les classes du peuple s'habituent ainsi au travail et arrivent à gagner suffisamment; elles dépensent leurs gains pour améliorer leur position et augmenter leur bien-être.

Comme preuve que c'est là la situation réelle et véritable de notre population en ce temps-ci, nous pouvons invoquer la nécessité dans laquelle s'est trouvé le gouvernement d'augmenter le traitement de beaucoup de fonctionnaires.

Ces traitements étaient parfaitement suffisants, tant que les substances alimentaires, les logements, etc., étaient à très-bon marché et que les besoins, que nous appellerons volontiers besoins de civilisation et de sociabilité, étaient encore très-restreints.

Aujourd'hui, quoique les produits manufacturés soient à bien meilleur marché, la vie est en réalité devenue plus chère et les traitements ont été reconnus insuffisants.

Cette vie plus chère n'est donc que la conséquence des besoins plus nombreux ressentis dans toutes les classes de la Société, et de la plus-value qu'ont acquise les productions agricoles, les loyers, etc., par suite du développement industriel.

· Mais l'inverse de ce que nous venons d'exposer est également vrai : si l'industrie venait à s'amoindrir et à disparaître, les ressources et les revenus diminueraient, et avec eux les moyens de suffire aux besoins de luxe et de bien-être actuels; on reviendrait aux habitudes de stricte économie et de résignation, et finalement il en résulterait cet état d'apathie et d'indifférence qui accompagne la misère, et que nous avons signalé.

Il ne faut donc jamais oublier que les ouvriers, avec leurs salaires comparativement élevés, sont de forts consommateurs des produits de l'agriculture et de l'industrie, et que ce sont eux qui, pour une forte partie, contribuent au revenu si considérable des contributions indirectes.

Cela est tellement vrai, qu'un pays uniquement agricole ne possède jamais que de faibles ressources et ne peut plus aujourd'hui prétendre au rang d'une grande nation.

Pour occuper ce rang, il est tout à fait indispensable qu'un pays soit industriel et manufacturier, et nous ajouterons avec conviction que la base de son industrie doit être l'industrie métallurgique.

Nous sommes donc autorisé à dire que la population ouvrière, non seulement favorise le développement de la richesse et de la prospérité de toutes les classes d'un peuple, mais qu'elle constitue en même temps une grande force pour le pays.

Eh bien! si l'industrie manufacturière venait à être écrasée ou anéantie en France, qu'arriverait-il?

C'est que nous deviendrions, pour tous les produits fabriqués, les tributaires des nations étrangères : l'État perdrait toutes les ressources importantes qu'il retire soit des douanes, soit des impositions très-fortes que paient actuellement les fabriques, soit des droits de mutation de ces mêmes propriétés industrielles, soit enfin des contributions directes et indirectes payées en si notable proportion par la population ouvrière.

Et que deviendraient ces ouvriers que l'industrie ne pourrait plus occuper et qui maintenant sont un élément de puissance et de prospérité pour la nation ?

Ou bien ils tomberaient à la charge du pays lui-même déjà appauvri;

Ou bien ils seraient obligés de s'expatrier et iraient augmenter chez des nations rivales les éléments de force et d'activité industrielles.

Nous aurions une seconde édition des résultats si funestes de la révocation de l'Édit de Nantes.

III.

Avantages de la protection et du travail national.

Les partisans du libre-échange prétendent que l'adoption de leur système donnerait lieu à une grande extension de la production nationale et à un bon marché notable et très-avantageux pour les consommateurs, de toute espèce de produits.

A la vérité, il pourra y avoir des baisses inaccoutumées de prix sous ce régime qui laisse tout au hasard, qui n'admet aucune règle et qui rend chaque peuple solidaire des causes et des influences funestes que d'autres peuvent subir ; mais il pourra y avoir également des hausses tout à fait violentes et insolites.

En 1845, quand l'Angleterre trouvait de grands et avantageux débouchés en Chine et dans les Indes, elle n'envoyait plus de fils en Allemagne, si ce n'est à des prix bien plus élevés qu'auparavant. Ses filatures et ses fabriques faisaient d'énormes bénéfices, qu'elles pouvaient utiliser plus tard à ruiner des industries analogues dans des pays dénués de droits protecteurs suffisants, et cela d'autant mieux que l'industrie d'aujourd'hui ne ressemble plus à celle d'il y a un siècle, parce que les moyens de fabrication et les combinaisons de vente s'établissent maintenant sur un pied gigantesque.

Par suite des capitaux immenses que les Anglais ont amassés, ils peuvent se lancer dans les plus grandes spéculations.

En effet, quels moyens puissants ne posséderaient pas les capitalistes de ce pays, pour exploiter nos consommateurs français et pour spéculer sur la nécessité de se procurer quantité d'objets que le pays ne serait plus à même de fournir, si notre gouvernement n'avait plus le pouvoir d'atteindre et d'éteindre cet esprit spéculateur qui, dans tous les pays, se remue pour acquérir le monopole de telle ou telle vente? Esprit de spéculation dont, il y a vingt ans, on ne se faisait point encore d'idée, et qui est aujourd'hui le fléau et la honte de notre société.

C'est la tyrannie du gros capital, tyrannie qui pille le pauvre au profit du riche.

Nous craignons donc fort que, sous le rapport du bon marché, on ne se fasse de grandes illusions.

Certainement si, tout en maintenant le système protecteur, on se borne à baisser et même à enlever complétement les droits sur les matières premières *qu'on ne produit pas en France*, il est positif qu'il en résultera un certain accroissement dans le développement industriel et manufacturier.

Mais nous contestons ce résultat, si le régime protecteur était trop fortement modifié ; car, dans ce cas, l'industrie française perdrait inévitablement *le plus beau marché du monde* (le marché national!) Et en perdant ce marché elle risquerait fort de voir diminuer, pour bien des industries, les placements que celles-ci trouvent actuellement sur plusieurs marchés étrangers.

Il ne faut d'ailleurs pas croire que les droits prélevés sur les matières premières étrangères, comme par exemple le coton, soient toujours des droits pesant lourdement sur l'industrie qui emploie ces matières.

Ces droits profitent au trésor public et par conséquent à tous, pour ce qui concerne le marché indigène. Et si les étoffes en coton reviennent aujourd'hui un peu plus cher qu'elles ne le seraient si le droit d'entrée sur le coton brut n'existait pas, il n'en est pas moins vrai, que ce que le consommateur paie ces étoffes en plus, il le paie en moins sur les contributions directes ou indirectes. D'ailleurs cette petite différence de prix est tout à fait insignifiante.

Quant aux produits manufacturés destinés à l'exportation, l'État a soin de rembourser les droits d'entrée perçus sur la matière première, ayant servi à la fabrication de ces produits.

C'est ce qu'on appelle le « Drawback ».

De cette manière le fabricant français peut employer les matières premières étrangères, comme si elles avaient été exemptes de droits · l'État n'y perd rien et le pays profite du travail et de la main-d'œuvre qui en résultent.

Si l'État renonce à la perception sur les droits d'entrée du coton, il sera obligé de remplacer le déficit qui en résultera par une augmentation sur un autre impôt.

L'octroi de la ville de Paris nous présente un exemple frappant de la vérité de ce que nous venons de dire.

Cet octroi est également prélevé sur des matières premières, sur des objets de première nécessité, et sans lui le consommateur les paierait un peu moins cher, à moins toutefois que les marchands intermédiaires ne gardassent pour eux le bénéfice qui résulterait de sa suppression, sans en laisser jouir le consommateur. Et c'est là très-probablement ce qui arriverait.

Eh bien! c'est l'octroi qui permet à l'administration de la ville de Paris d'exécuter ces magnifiques et grandioses travaux qui ont renouvelé l'aspect de Paris, en apportant dans toutes les directions l'air et la lumière. Elles ont transformé des ruelles sombres, infectes et dangereuses, remplies d'habitations incommodes, étroites et servant de refuge au vice et à la misère, en de superbes et commodes voies de communication. Ces voies de communication relient aujourd'hui de la manière la plus directe et la plus avantageuse les quartiers les plus éloignés, elles sont bordées de splendides maisons ressemblant à des palais, et ont ainsi fait de la capitale de la France la plus belle et la plus magnifique capitale du monde, tout en y entretenant le travail, la vie, l'aisance, et en procurant à la classe ouvrière les ressources les plus abondantes et les plus constantes.

Enlevez l'octroi à Paris, et le dommage qui en résultera pour la classe populaire sera cent fois plus grand que le mince bénéfice qu'elle pourrait en retirer par la diminution du prix de quelques produits naturels ou fabriqués.

Quoi qu'il en soit, nous pouvons comprendre l'intention du gouvernement pour ce qui concerne les matières premières étrangères, mais nous croyons qu'il en serait tout autrement d'une introduction en franchise des matières premières que le pays produit lui-même, comme par exemple le fer, la houille, la laine, la soie, etc.

Il est certain que si, par exemple, le fer et la houille entraient sans payer de droits, presque tous nos hauts-fourneaux s'éteindraient et la plupart de nos mines de houille se fermeraient.

Il y aurait là à examiner cette grave question de savoir si un grand pays peut exister sans posséder, dans un état de grande vigueur, des industries aussi importantes que celles du fer et de la houille.

Sans entrer dans une pareille discussion, nous nous bornerons à rappeler un fait historique; c'est le préambule de l'*Avis aux ouvriers en fer sur la fabrication de l'acier*, publié par ordre du comité de salut public [1]. Le voici : « Pendant que nos frères pro-« diguent leur sang contre les ennemis de la liberté, « pendant que nous sommes en seconde ligne der-« rière eux, amis, il faut que notre énergie tire de « notre sol toutes les ressources dont nous avons be-« soin et que nous apprenions à l'Europe que la « France trouve dans son sein tout ce qui est néces-« saire à son courage.

« L'acier nous manque, l'acier qui doit servir à « fabriquer les armes dont chaque citoyen doit se « servir pour terminer enfin la lutte de la liberté « contre l'esclavage.

« Jusqu'à présent, des relations amicales avec nos « voisins et surtout les entraves qui faisaient languir « notre industrie nous ont fait négliger la fabrication « de l'acier. L'Angleterre et l'Allemagne en fournis-« saient à la plus grande partie de nos besoins; mais « les despotes de l'Angleterre et de l'Allemagne ont « rompu tout commerce avec nous. Eh bien! faisons « notre acier! »

(Suit une notice technique qui explique aux in-

[1] Brochure in-4°, sortie des presses de l'imprimerie du département de la guerre, rue de la Michodière, 3.

dustriels quels sont les moyens pour fabriquer l'acier. Elle est signée des noms célèbres de Vandermonde, Monge, Berthollet).

Encore aujourd'hui, nous aussi nous dirons, ne laissons pas périr la fabrication du fer et de l'acier! Le salut de la patrie peut en dépendre!

On a prétendu que la libre introduction des fers anglais serait un bienfait immense pour notre agriculture, bienfait qui devait compenser tout ce que cette introduction pourrait avoir de funeste pour notre industrie métallurgique.

Nous avons sous les yeux une lettre du 17 février dernier de M. Clog-Mertian, l'un de nos agronomes les plus distingués et l'un des hommes les plus honorables de l'Alsace. M. Clog dirige l'Orphelinat du Willerhoff, fondé par son oncle en faveur des enfants orphelins des départements du Bas et du Haut-Rhin. Ces magnifiques terres avaient été achetées par M. Mertian au prix d'un million.

Voici ce qu'écrit M. Clog:

«Le Willerhoff cultive 84 hectares 20 ares de
« terres, soit 422 arpents; la consommation en fer
« a été, en 1859, de 361 kilogrammes, tout com-
« pris, instruments aratoires, etc., etc., même pour
« les travaux de nivellement faits dans les prairies.
« Si donc le libre-échange a lieu, avec une petite
« protection pour notre industrie, nous ferons une

« économie de 5 cent. par kilogramme, soit 18 fr.
« pour le Willerhof, ou 4 cent. par arpent. Quel
« bonheur pour l'agriculture, quel bonheur pour la
« France entière, qui aurait toujours son pain as-
« suré à bon marché! »

Voici donc à quoi se réduit ce bénéfice si considérable que l'agriculture française doit recueillir du
libre-échange.

Si réellement on veut venir au secours de l'agriculture, un moyen bien plus efficace sera d'y consacrer des capitaux très-considérables, destinés à
améliorer des terrains, à drainer des terres maréca-
geuses, à irriguer les prairies, à réaliser, en un mot,
le dernier programme de l'Empereur.

C'est par ce moyen que l'Angleterre a su élever
son agriculture au degré de perfection que nous admirons et que nous devons tâcher d'imiter.

Mais pour pouvoir consacrer les capitaux à l'a-
griculture, il faut les posséder; il faut que l'argent
soit à bon marché, et, nous le répétons, c'est par le
développement industriel et commercial qu'on y arrive. Quand chez nous les capitaux seront aussi
abondants que chez nos voisins et qu'ils ne rappor-
teront plus que 2 1/2 à 3 %, d'intérêt, nul doute
qu'ils ne se rejettent de nouveau sur les entreprises
agricoles, qu'ils ont délaissées, puisque l'industrie et
le commerce leur promettent en ce moment plus de
bénéfice.

Sous ce rapport encore, l'agriculture est donc puissamment intéressée à ce que les manufactures et les exploitations industrielles restent aussi prospères que possible, et ce n'est pas elle qui trouvera son intérêt à la ruine de nos usines métallurgiques et à l'amoindrissement de nos autres grandes industries.

Mais peut-être existe-t-il une autre compensation à ces funestes conséquences?

Pour contrebalancer ces pertes si graves, voyons un peu quelles peuvent être nos importations en Angleterre, qui pourraient augmenter, dans une notable proportion, la prospérité de la France. En passant en revue la nomenclature de tous nos produits, nous ne trouvons en dehors des objets de luxe et de fantaisie, pour lesquels nous dominons déjà aujourd'hui sur les marchés étrangers, que les vins dont l'importation en Angleterre pourrait peut-être augmenter très-sensiblement, si nous parvenions à faire quitter aux Anglais l'habitude de boire la bière et les spiritueux.

Nous ne parlons que conditionnellement de l'augmentation de nos importations de vins en Angleterre, car dans notre opinion, les producteurs de vin qui espèrent trouver auprès des Anglais le vaste marché qu'on leur fait envisager, pourront bien éprouver de grandes déceptions.

Nos raisons sont les suivantes :

Nos vins fins ne seront pas beaucoup plus recherchés, parce qu'ils figurent déjà actuellement sur la table du riche, auquel un prix plus ou moins élevé est parfaitement indifférent.

Dans la classe moyenne, les vins corsés et forts de l'Espagne et du Portugal seront généralement préférés aux nôtres, non-seulement parce qu'on en a l'habitude, mais encore parce que le climat anglais, brumeux et humide, fait éprouver aux habitants le besoin d'une boisson plus alcoolique et plus excitante.

Enfin, dans la classe ouvrière, nos vins ordinaires auront pour concurrents non-seulement la bière et les spiritueux des débitants, mais encore les vins artificiels et la bière domestique, que chaque famille peut préparer dans l'intérieur de la maison et y consommer, sans avoir à payer aucune espèce de droit.

Nous ferons remarquer en outre que, pour le cas où la consommation des vins français prendrait une très-grande extension, le Traité de commerce réserve au gouvernement anglais la faculté d'élever les droits en se procurant en même temps une source abondante de revenus. Malgré ces obstacles, admettons cependant que réellement l'exportation de nos vins en Angleterre puisse augmenter dans une forte proportion.

Mais si la consommation de vin devenait plus forte en Angleterre, il est plus que probable qu'en France, nous paierons nos vins bien plus cher qu'à présent; ce qui, pour ce produit de grande consommation, ne constituerait pas précisément la vie à bon marché qu'on nous promet.

L'industrie agricole est bien moins cosmopolite que l'industrie manufacturière. Plusieurs productions de l'agriculture, comme par exemple celles des vins, sont bornées à de certaines localités. Déjà maintenant les meilleurs crus des vins de Bordeaux sont devenus la propriété des Anglais; et comme les vins les plus renommés ne peuvent être à volonté cultivés dans un grand nombre de localités, il est à prévoir que l'Angleterre consommera les véritables bons vins, tandis qu'en France, il ne restera que le médiocre, à la vérité souvent décoré du plus beau nom et de la plus magnifique étiquette.

Et ce qui est vrai pour le vin le sera également pour nos autres produits agricoles.

Les Anglais nous achèteront ce que nous avons de mieux et nous laisseront l'ordinaire, puisque nous ne serons plus assez riches pour consommer nous-mêmes ce que nous produisons de bon et de cher. C'est là précisément ce qui est arrivé en Portugal.

Dans cet état des choses, peut-on prétendre que le bénéfice résultant d'une plus grande exportation de vins en Angleterre peut être mis en balance avec le dommage résultant de l'inondation de la France par les produits manufacturés de l'Angleterre et l'anéantissement de nos plus belles industries?

M. Gladstone a parfaitement fait ressortir dans son célèbre discours qu'il faut avant tout à la classe ouvrière *un travail productif*, comme le lui offre la grande industrie. Jouissant de forts salaires, l'ouvrier ne se refuse nullement, puisqu'il le peut, à payer des contributions assez élevées et à se procurer même à des prix plus chers ce dont il a besoin pour sa consommation.

C'est donc dans le prix élevé de la main-d'œuvre, dans le travail fortement rétribué de la classe ouvrière, qu'il faut chercher la source véritable de son aisance et de son bien-être, bien plus que dans le bon marché des produits agricoles et manufacturés. Car à quoi servirait ce bon marché si l'ouvrier n'avait plus les moyens d'en profiter? bon marché et misère non-seulement ne s'excluent pas, mais ils marchent très-souvent ensemble.

C'est ainsi que, dans certaines contrées de l'Amérique méridionale, on ne vit que de privations, bien qu'un bœuf s'achète pour un franc.

En Valachie, les récoltes se vendent sur pied à un prix tellement bas que le paysan en retire dans les bonnes années à peine de quoi acheter quelques vêtements.

Aussi le peuple anglais, qui gagne beaucoup par son travail industriel et régulier, peut-il plus facilement payer cher son vin et en général les produits dont il a besoin, qu'un peuple qui est réduit à un travail moins avantageux et moins productif. Or, ce qui est vrai pour l'Angleterre ne l'est pas moins pour la France.

Le travail industriel ne contribue pas seulement dans une énorme proportion à la richesse nationale d'un pays; mais il offre encore aux prolétaires des sources de gain très-abondantes, très-variées et très-nombreuses, et que l'agriculture serait impuissante à leur donner.

Ici nous ne pouvons nous empêcher de répéter un exemple, que nous avons cité un jour au maréchal Canrobert dans une de ses visites industrielles, et qui démontre clairement la haute importance du travail manufacturier, et sa grande supériorité sur le travail agricole. Voici cette démonstration:

Un ouvrier de fabrique gagnant 3 fr. par jour, représente un gain de 900 fr. par an. D'un autre côté, le meilleur arpent de terre (20 ares), déduction faite des différents frais (impôts, labourage, intérêt du capital d'achat), ne donne guère un revenu de plus de 50 fr. par an. Un ouvrier rapporte donc au pays autant que 18 arpents, et 1000 ouvriers autant que 18,000 arpents.

En France toute la récolte du froment résulte de la culture de cinq millions et demi d'hectares. Il s'ensuit qu'un peu plus d'un million et demi d'ouvriers industriels gagneraient, à raison de 3 fr. par jour, une valeur égale à celle produite par tous les arpents de froment de la France, qui, comme nous venons de le dire, s'élèvent à cinq millions et demi d'hectares, soit un peu plus du dixième de la surface entière de la France.

Cet exemple fera comprendre comment, depuis un demi-siècle, la France a pu presque doubler sa production et avec elle sa richesse.

Pour faire voir que nous ne sommes pas seul à reconnaître les immenses avantages du travail industriel, nous nous permettrons de donner ici un petit extrait du remarquable ouvrage de M. *Moreau de Jonnès*, membre de l'Institut, *Sur la statistique de l'industrie en France*. Voici ce qu'il dit:

« L'industrie est indépendante du climat, dans la « plus grande partie de ses travaux; c'est un im-« mense avantage qu'elle a sur l'agriculture, dont « l'activité est renfermée par les saisons dans un es-« pace d'environ deux cents jours ou six mois et « demi. Cet avantage est de cent jours de salaire en « plus, toutes choses égales d'ailleurs. Un ouvrier de « manufacture travaille habituellement trois jours, « tandis qu'un cultivateur ne peut travailler que

« pendant deux seulement. Si les salaires étaient
« égaux, ce serait déjà pour celui-ci une infériorité
« de la moitié du fruit de son labeur.

« Mais la différence est de beaucoup plus grande,
« car les salaires industriels l'emportent considéra-
« blement sur les salaires agricoles. Des recherches
« statistiques officielles fort étendues, constatent
« que la différence est de :

50 cent. par journée pour les hommes,
25   —   pour les femmes,
50   —   pour les enfants.

« Il s'ensuit que le travail journalier de trois per-
« sonnes de chaque famille s'élève seulement, pour
« les ouvriers des champs, à 2 fr. 50 cent., tandis
« qu'il est pour les ouvriers des fabriques de 3 fr.
« 75 cent. C'est pour chaque jour de labeur une in-
« fériorité de salaire de 1 fr. 25 cent., ou moitié
« moins.

« En ajoutant l'une à l'autre, la différence de durée
« du travail et la différence de rétribution, on trouve
« que le salaire annuel d'une famille de laboureurs
« n'est que de 500 fr., tandis que celui d'une famille
« d'ouvriers industriels monte à 1125 fr., en prenant
« des termes exactement correspondants, et s'élève
« même, par une combinaison, jusqu'à 1232 fr., c'est-
« à-dire à deux ou deux fois et demie le salaire d'une
« famille agricole. »

Si l'industrie venait maintenant à diminuer notablement en France, il est évident que la consommation de blé et de vin diminuerait également, puisque les ouvriers sans travail ne gagneront plus de quoi les acheter; la valeur des maisons et des terres subirait aussi une sensible dépréciation. Par suite, l'agriculture elle-même se trouverait bientôt dans un état de gêne et de souffrance.

Si aujourd'hui elle est florissante et si la France présente un état de prospérité, tel qu'il n'a pas existé précédemment, c'est bien au développement de son industrie qu'elle le doit.

Il y a encore une autre considération à faire valoir en faveur du travail manufacturier : c'est que le développement d'une branche d'industrie agricole ne peut se faire sans diminuer d'autant une autre branche. L'arpent qui rapporte du vin ne peut en même temps rapporter du blé ou des pommes de terre.

Au contraire, les industries manufacturières peuvent se multiplier l'une à côté de l'autre sans se nuire, car les bras ne manquent pas, et à défaut de l'homme, on emploie des forces hydrauliques ou la vapeur et les machines.

En effet, l'industrie peut produire des matières premières de la même manière que le fait l'agriculture; l'exploitation des carrières, des houillères, des minerais de fer, de cuivre, de plomb, etc., nous en offre des exemples.

Ces matières premières, tout aussi bien que les produits agricoles, mises en œuvre par d'autres industries, se trouvent transformées en nouveaux produits qui, à leur tour, servent de matières premières à de nouvelles industries.

C'est ainsi, par exemple, que le minerai de fer est converti en fonte, la fonte en fer, le fer en acier, l'acier en machines et en outils, qui eux-mêmes servent à la fabrication d'une quantité innombrable d'autres produits manufacturés.

Le coton, la laine, la soie donnent la matière première aux filateurs pour produire des fils; les fils servent de matière première aux tisseurs pour préparer des tissus, les tissus sont à leur tour recouverts de couleurs variées par les teinturiers et les imprimeurs; mais toutes ces transformations si multiples exigent de la main-d'œuvre et deviennent une source de gains et de salaires pour l'ouvrier, de bénéfices pour le fabricant et de richesse pour le pays.

Nous y trouvons aussi la cause pour laquelle, lorsqu'une industrie est solidement établie dans une contrée, elle provoque autour d'elle l'établissement d'autres industries qui se greffent pour ainsi dire sur la première, et c'est ainsi que s'explique la formation et le rapide développement de grands centres manufacturiers.

Mais à côté de ces grands centres d'industries, soit de coton, de laine ou de soie, qui produisent d'immenses valeurs et qui augmentent, dans une si forte proportion la richesse nationale, un pays bien organisé industriellement doit aussi posséder et favoriser les petites industries, qui remplissent également une fonction des plus importantes, celle de la répartition plus égale de la richesse.

Ces industries, recherchant de préférence les localités isolées et retirées où elles trouvent généralement la main-d'œuvre à bon marché et des chutes d'eau présentant des conditions favorables, y apportent avec les salaires les sources du bien-être et font régner l'activité et la vie là où n'existaient que le dénuement et la misère.

Aussi, dans ces localités, voit-on bientôt les prairies, les terres arables, les maisons et les loyers augmenter de valeur. La terre valant davantage est mieux cultivée, et par suite la production agricole se développe, ainsi que l'élève du bétail. Bientôt la localité est capable de nourrir une population plus nombreuse qui va sans cesse en augmentant, parce qu'à son tour elle attire dans son sein l'artisan et le commerçant.

C'est de cette manière que se rétablit l'équilibre entre les conditions de prospérité ordinairement fort inégales dans les différentes parties du pays.

Une nation a donc le plus grand intérêt à attirer chez elle le plus grand nombre d'industries possible, et à en favoriser le développement. Elle doit le faire d'abord pour jouir des avantages inhérents à chaque genre d'industrie ; ensuite pour posséder des moyens de travail très-variés qui se répandent peu à peu sur toute la surface du pays et qui procurent à l'agriculture des consommateurs dans tous les lieux où elle peut s'exercer.

Un autre avantage résulte encore pour un pays de la possession d'une grande variété d'industries. C'est que dans ce cas, lorsque l'une d'elle éprouve une stagnation, les ouvriers qu'elle occupait trouvent alors plus facilement du travail dans une autre branche d'industrie. Il n'en est pas de même de l'agriculture : lorsqu'une année a été mauvaise, généralement tous les genres de productions rurales s'en ressentent ; ils souffrent ensemble et la misère devient générale.

Au contraire, il est rare qu'un grand nombre d'industries différentes éprouvent à la fois un chômage ; il arrive même souvent que, tandis que l'une est en souffrance, l'autre n'en va que mieux.

Aussi, dans ce cas, le désastre n'est que partiel et peut être supporté plus aisément.

V.

Le marché national.

On n'apprécie généralement pas assez les avantages qui résultent pour l'industrie d'un pays et par
suite pour le pays lui-même de l'existence et de la
jouissance d'un grand marché national.

La France présente sans contredit le plus beau
marché du monde par sa grande étendue, sa position
géographique, la fertilité de son sol, la grande variété de ses produits naturels, joints au caractère si
éminemment sociable de son peuple.

Grâce au régime protecteur, ce marché jusqu'à ce
jour, est resté assuré à l'industrie française; il a été
la base certaine sur laquelle elle a opéré. Ce marché
est assez important pour permettre une grande concurrence parmi les producteurs indigènes et il en est
résulté que l'industrie, tout en se développant avec
sécurité et confiance a peu à peu baissé les prix et
offert ses produits à bon marché, tout en améliorant
leur qualité.

De là un progrès graduel et non interrompu, qui
déjà maintenant nous a mis au-dessus de bien d'autres
pays, et qui, au bout d'une série d'années, nous aurait certainement placés sur la même ligne que les
Anglais.

C'est grâce à ce grand marché national que les sept-huitièmes des produits agricoles, les céréales, aussi bien que les vins, trouvent leurs débouchés et leur consommation dans le pays même. Quant aux produits industriels, c'est également dans la population indigène que se rencontrent les principaux consommateurs et nous devons à cette circonstance que notre pays n'a presque pas eu à souffrir des grandes crises commerciales qui, il y a plusieurs années, ont produit tant de misère et tant de souffrances en Angleterre, aux États-Unis et en Allemagne.

Car il ne faut pas se faire illusion, si le commerce d'exportation peut produire de grands bénéfices, il en résulte souvent aussi de grandes pertes.

En faire la base principale du développement industriel, c'est s'exposer à des crises désastreuses et à des catastrophes. En France, jusqu'à ce jour, nous avons couru peu de risques, parce que la production industrielle, aussi bien que la production agricole, a reposé pour la majeure partie sur les besoins et la consommation du pays même. En Angleterre c'est le contraire qui a lieu.

Aussi ce pays a-t-il tout à craindre pour l'avenir, lorsque ses rivaux seront devenus assez forts pour concourir avec elle à armes égales, et certainement de grands bouleversements et d'immenses désastres peuvent lui être prédits, si son commerce extérieur, par suite d'une cause ou d'une autre, d'une guerre, d'une invasion, par exemple, avait à subir de grandes perturbations.

En un mot, l'activité commerciale et industrielle anglaise, malgré son développement colossal, repose sur une base chanceuse, variable, qui peut faire défaut au moment où l'on s'y attend le moins, parce qu'elle a surtout en vue le marché étranger, tandis qu'en France la base est jusqu'à ce jour sûre et inébranlable, puisqu'elle repose dans une très-forte proportion sur le marché intérieur.

Aussi pensons-nous que ce marché national devrait toujours être soigneusement conservé, tout en favorisant de plus en plus le commerce d'exportation, à mesure que l'industrie manufacturière devient plus forte, plus robuste et plus capable de soutenir la lutte sur les marchés étrangers.

Malheureusement nous craignons que par suite du Traité de commerce avec l'Angleterre, ce marché national ne soit fortement compromis. Aussi regrettons-nous vivement que l'exécution des améliorations indiquées dans la lettre de l'Empereur au ministre d'État, n'ait pu précéder la signature du traité, et qu'on n'ait pu suivre avec la plus rigoureuse exactitude la marche tracée par Sa Majesté elle-même lorsqu'elle disait :

« Ainsi, *avant* de développer notre commerce étran-

«ger par l'échange des produits, il faut *améliorer*
«notre agriculture et *affranchir* notre industrie de
«toutes les entraves intérieures qui la placent dans
«une condition d'infériorité, etc. L'encouragement
«au commerce par la multiplication des moyens d'é-
«change *viendra alors* comme conséquence naturelle
«des mesures précédentes.»

Parmi ces mesures, il y en a surtout une, d'une
importance majeure, qui intéresse essentiellement
l'industrie et qu'il serait de la plus haute utilité de
mettre immédiatement en exécution, si l'industrie
nationale ne doit pas être gravement atteinte et lésée
par la mise en vigueur des stipulations du Traité de
commerce.

Nous voulons parler des moyens de transport rapides et économiques qu'il faut mettre à la disposition des industriels, puisque les prix de transport
entrent pour une très-forte somme dans les prix de
revient des produits manufacturés et surtout des
produits métallurgiques qui, pour une valeur in-
trinsèque relativement peu considérable, représentent des poids très-forts.

Pour obtenir la réalisation des transports à très-
bas prix, nous croyons qu'il ne faudrait pas attendre
l'exécution des voies de communication indiquées
par le programme impérial et par le rapport du ministre des travaux publics, puisque cette exécution

exigerait une longue série d'années, et que dans ce laps de temps un grand nombre de nos industries pourraient fort bien succomber.

Il nous semble donc nécessaire d'entrer immédiatement en arrangement avec les chemins de fer déjà existants, pour obtenir des Compagnies le transport des matières premières à des prix aussi bas que possible. Il faut que ces prix soient assez réduits pour permettre de soutenir sous ce rapport la concurrence anglaise qui, comme nous l'avons montré plus haut, se trouve à cet égard dans une situation exceptionnellement favorable.

Là où des chemins de fer n'existent pas encore, il faudra les construire le plus rapidement possible, et surtout se garder d'enfouir des capitaux dans l'établissement de canaux, qui se construisent bien plus lentement que les voies ferrées et qui rendent bien moins de services.

A l'occasion du projet du canal des houillères de la Sarre, nous avons examiné en détail l'utilité comparative des canaux et des chemins de fer, et nous avons démontré que le transport des matières encombrantes par canal est plus cher que celui par chemin de fer, si celui-ci l'opère à 4 cent. par tonne et par kilomètre.

Or, si le gouvernement obtenait le prix réduit à 3 cent. par tonne et par kilomètre, ce serait lui donner un mauvais conseil que celui de l'engager à construire des canaux sur lesquels les transports reviennent plus cher et se font avec moins de rapidité, de sécurité et de régularité.

Il est vrai que certains canaux peuvent transporter à un prix inférieur à 3 cent. par tonne et par kilomètre; mais c'est à la condition que le gouvernement, c'est-à-dire le pays, les construise et les entretienne à ses frais.

Les canaux, dans les intentions du gouvernement, doivent servir principalement au transport des houilles, et nous croyons que c'est là précisément le mode de transport qui convient le moins pour ce combustible.

En effet, en hiver, quand on a le plus besoin de houille, les canaux sont gelés; en été on les met à sec pour cause de curage ou de réparations.

Il résulte de cela, qu'en tirant sa houille par cette voie, il faut en avoir constamment un approvisionnement pour environ six mois : et comme ce combustible perd au bout de trois mois de chantier, de 15 à 20 % en qualité et en quantité, il s'ensuit que la houille payée 20 fr. la tonne, revient réellement à 24 fr. au bout de ce temps[1].

[1] Cette année-ci le canal de la Marne-au-Rhin a gelé au commencement de novembre. Il a dégelé momentanément au mois de janvier, ordinairement le mois le plus froid, pour regeler peu après, et il l'est encore en ce moment, 15 mars 1860. — Voilà donc un canal dont la

Ce ne sont donc pas des canaux, mais des chemins de fer qu'il faut construire, et le plus vite possible.

Aussi le plus grand service que le gouvernement pourrait rendre à l'industrie, consisterait à faire avec les Compagnies un arrangement pour obtenir d'elles, encore cette année, des prix de transport pour la houille, le fer, etc., équivalents à ceux auxquels les canaux peuvent effectuer les transports, lorsque c'est l'État qui les construit, les entretient et les livre gratuitement au public.

Le pays et le gouvernement y trouveraient également leur compte : le gouvernement dépenserait moins d'argent, et le pays en retirerait plus d'avantages et de profits.

Les Compagnies de chemin de fer recueilleront assez d'avantages du Traité avec l'Angleterre pour qu'il soit permis d'attendre de leur part un accueil favorable aux arrangements que le gouvernement pourrait leur proposer dans ce but.

Nous ferons remarquer en outre qu'il est très-probable, que, dans un avenir peu éloigné, l'acier se produira à aussi bon marché que le fer, par suite de nouveaux procédés de fabrication. Les Compagnies

construction a coûté plus de cent millions de francs à l'État, qui est entretenu gratuitement par lui et qui *pendant près de cinq mois* n'a pas pu être utilisé.

de chemin de fer pourront alors établir, en acier,
leur matériel roulant et peut-être même leurs rails,
et comme l'acier présente à l'usure une résistance
infiniment plus grande que le fer, il en résulterait
des économies très-notables dans les frais d'entre-
tien ; économies dont les Compagnies pourraient
alors faire jouir le commerce et l'industrie.

Il ne faut cependant pas se faire illusion ; quand
même on obtiendrait des prix de transport excessivement réduits, l'industrie française présenterait encore vis-à-vis des manufactures anglaises bien des
conditions d'infériorité.

V.

Dangers de la concurrence anglaise.

Nous avons déjà énuméré les causes principales de la grande supériorité des industriels anglais, telles que l'excessif bon marché de la houille et du fer, l'abondance et le bas prix des capitaux, etc. Mais indépendamment de ces avantages si considérables, il existe encore d'autres causes qui doivent faire craindre aux fabricants français la concurrence anglaise, et l'une d'elles réside dans la liberté d'action bien plus grande, dont jouissent en Angleterre à la fois les manufacturiers et les ouvriers.

En France la coalition est défendue sévèrement par la loi, tandis qu'en Angleterre elle est parfaitement tolérée.

Il est donc permis de prévoir que les manufacturiers anglais seront tentés de faire ce qui a déjà eu lieu plusieurs fois lorsqu'il s'agissait d'éteindre une concurrence.

En lutte avec les manufacturiers français, les Anglais, plus riches et plus libres dans leurs allures, se coaliseront, et pour tuer la concurrence française, feront même au besoin le sacrifice momentané de quelques millions, quitte à les rattraper plus tard.

En conséquence, ils livreront aux maisons de gros leurs articles au meilleur marché possible, même à prix coûtant, et celles-ci en inonderont la province et fermeront ainsi le marché aux produits des fabricants indigènes, jusqu'à ce que ceux-ci, de guerre lasse et à bout de sacrifices et de ressources, se soient retirés de la lutte.

Les maisons de gros, bien ancrées auprès de la clientèle de province, domineront alors le marché pour bien longtemps, et pourront le diriger à leur gré. Et une fois que la concurrence indigène sera éteinte, nul doute que peu d'années ne suffisent aux fabricants anglais pour récupérer leurs pertes et faire de très-beaux bénéfices [1].

Mais le plus grand danger se trouve pour nous dans le développement déjà si colossal de la manu-

---

[1] Nous sommes heureux de pouvoir corroborer ce raisonnement par l'extrait suivant du discours de M. Plichon (*Discussion sur le projet de loi du tarif des laines, Moniteur,* 3 mai).

« Mais il eût été prudent de ne commencer l'expérience qu'après nous « être placés dans des conditions moins désavantageuses de concur- « rence. Nos chemins de fer, nos voies navigables, nos ports et même « nos routes ordinaires, ne sont pas encore terminés. Le pays n'est pas « prêt pour lutter à armes égales contre l'Angleterre. Cela est évident, « surtout pour ceux qui savent de quels efforts l'industrie anglaise est « capable pour écraser ses rivaux. *On a vu des chefs d'établissements* « *industriels tenir leurs ateliers ouverts, malgré une perte de 5 ou* « *400,000 liv. st. (10 millions de francs).* C'est surtout aux époques de « crise que ces résultats paraissent à craindre ; car alors l'Angleterre « inonde les marchés qu'elle peut aborder de l'excédant de ses produc- « tions, et y jette une telle perturbation qu'on a vu parfois ses tissus se « vendre à meilleur marché à Sydney qu'à Londres. »

facture anglaise, dans la masse de capitaux qu'elle possède et qu'elle fait valoir, dans ses innombrables relations commerciales avec tous les pays du monde, dans ses magnifiques colonies, et enfin dans les circonstances exceptionnellement favorables dans lesquelles sont placées ses industries principales, celles des houilles et des fers.

L'Angleterre, non-seulement possède le meilleur combustible, mais en outre combustible et minerai de fer s'y rencontrent l'un à côté de l'autre dans les mêmes localités.

Aussi peut-on prédire à coup sûr, que sans protection, notre industrie métallurgique et toutes celles qui en dépendent seraient infailliblement ruinées. Fussions-nous même dans des conditions égales aux Anglais, nous ne pourrions les empêcher d'entamer notre propre marché. Car telle fabrique française qui, dans l'état actuel des choses, a à lutter contre dix ou vingt concurrents français, se trouverait encore en présence de tous les concurrents étrangers possibles ; et ceux-ci pourraient lutter contre elle avec d'autant plus d'avantage, que le libre-échange donnerait un nouvel élément de puissance à leur production, par suite d'un surcroît de placement de leurs produits sur le marché de France. Un exemple le prouvera.

Si un fabricant anglais vend aujourd'hui pour

un million, il gagne 20 °/₀ sur ce million pour frais de fabrication et frais généraux et 10 °/₀ pour intérêts et bénéfices; il est certain que, lorsqu'il peut fabriquer pour un demi-million en sus, les frais ne seront plus que de moitié sur cet excédant. Il épargnera même des intérêts et pourra se contenter sur les 500,000 fr. d'excédant de vente, de la moitié ou du quart du bénéfice qu'il fait sur le million; il lui sera donc facile de placer ce surplus de vente à 10 °/₀ meilleur marché que le million, tout en trouvant encore chaque année un plus grand bénéfice sur le total de ses affaires.

Et cependant il peut souvent suffire d'un abaissement de 5 °/₀ sur les prix actuels pour forcer le fabricant français de fermer son établissement. Le dommage sera d'autant plus grand, que la fabrication indigène ne pourra ni cesser, ni se transformer d'un jour à l'autre, car toute cessation ou transformation d'un grand atelier industriel est accompagnée de pertes énormes, d'autant plus grandes que plusieurs établissements sont obligés de les subir à la fois.

Les fabricants lésés se verront donc forcés de lutter; ils résisteront le plus possible, restreindront d'abord leurs bénéfices au plus strict nécessaire, réduiront ensuite la main-d'œuvre et ce n'est qu'à bout d'expédients qu'ils se résigneront à leur sort.

Mais, de même que les industries existantes auront résisté le plus longtemps possible et auront cherché à prolonger leur agonie, de même, une fois qu'elles auront été ruinées et brisées, il sera bien long et bien difficile de les faire revivre. Même dans ce dernier cas, si le gouvernement, éclairé par l'expérience, voulait revenir au système fortement protecteur, il se trouverait en présence d'immenses difficultés. Nos anciennes industries seraient ruinées, la confiance ébranlée, la population ouvrière aurait disparu et l'œuvre de quarante années écoulées serait à recommencer à nouveau.

A cela il faut ajouter que très-probablement, à la faveur de la libre entrée des houilles et des fers anglais, un assez grand nombre d'industries s'établiraient sur le littoral de la Manche pour profiter du voisinage de la Grande-Bretagne.

Eh bien ! si un jour, par suite du rétablissement des douanes plus protectrices ou par suite d'une guerre avec l'Angleterre, l'importation de la houille, du fer, etc., était restreinte ou empêchée, ou seulement grevée de frais un peu notables, toutes ces industries ne pourraient plus subsister et liquideraient avec perte ; or, chaque perte individuelle est aussi une perte pour le pays, de même que les fortunes individuelles font partie de la richesse nationale.

VI.

Jalousie contre les fabricants français.

Nous ne saurions trop insister sur cette observation que la réunion des richesses individuelles fait la richesse du pays, puisque bien souvent en France on parle de l'exploitation du pays par les fabricants et qu'on leur reproche volontiers les grandes fortunes acquises par quelques-uns d'entre eux. Il y a dans cette accusation à la fois une injustice et une erreur, et ceux qui s'en font les organes montrent qu'ils ignorent les conditions du développement industriel et les principes sur lesquels se basent la richesse et la prospérité d'une nation.

Parlons d'abord de l'exploitation du pays par les fabricants; cette exploitation est-elle réelle?

Les fabricants ont-ils véritablement un monopole ou un privilége dont ils peuvent abuser aux dépens de leurs concitoyens?

Évidemment non!

La concurrence étant illimitée en France et les coalitions entre manufacturiers sévèrement défendues par la loi, il en résulte que, dès qu'une industrie ou une exploitation présente de beaux bénéfices et se trouve dans un état prospère, immédiatement des personnes et des capitaux embrassent la même partie et créent des établissements rivaux.

La concurrence ne manque donc jamais ; elle s'exerce même souvent avec une telle ardeur, avec un tel acharnement, qu'il en résulte non-seulement des désastres individuels, mais même quelquefois de grandes crises commerciales, que les maisons très-solides, ou conduites avec beaucoup de prudence, d'activité et d'énergie, peuvent seules supporter.

Ce n'est donc point sans raison que l'industrie a été comparée à un champ de bataille, où les concurrents se heurtent, se combattent, s'attaquent et se défendent, et cherchent chacun à remporter la victoire sur ses adversaires.

S'il n'y a point de sang versé dans ces luttes souvent si ardentes et si pénibles, il n'y a pas moins de douleurs, d'angoisses et de larmes qui en sont la suite. Si l'on connaissait toutes les victimes qui sont blessées ou qui tombent journellement sur ce champ de bataille, on serait moins envieux à l'égard de ceux qui, plus heureux, ont résisté et ont eu du succès. Chaque travailleur, chaque ouvrier, est un soldat dans l'armée industrielle ; chacun aspire, par son énergie et son travail, à devenir lui-même manufacturier et à parvenir à la fortune, de même que le soldat de l'armée militante s'efforce à gagner ses grades par sa bravoure et sa bonne conduite.

La carrière industrielle est donc ouverte à tout

le monde : quiconque se sent quelque aptitude pour elle peut y entrer, sans avoir besoin pour cela ni de diplômes, ni de certificats de capacité. Les cours des facultés des sciences, les leçons du conservatoire des arts et métiers, sont gratuits et ouverts à tous indistinctement. Les jeunes gens qui veulent acquérir une instruction spéciale peuvent la trouver dans les écoles des arts et métiers et dans les écoles industrielles créées et entretenues par les manufacturiers mêmes de Lyon et de Mulhouse, qui font ainsi le plus noble et le plus généreux usage de leurs grandes fortunes [1].

Les fabricants, loin de protester contre les moyens d'instruction mis à la portée du public, demandent, au contraire, qu'on les multiplie, et certes ce n'est pas leur faute si l'instruction donnée par l'État n'a pas une tendance plus utilitaire et plus pratique.

Nous pensons que ces quelques observations suffiront pour démontrer combien l'accusation d'exploitation du pays par les fabricants est peu fondée et injuste.

Mais est-on plus dans le vrai et a-t-on plus raison

---

[1] Nous citerons comme exemples l'École de la Martinière à Lyon et la Société industrielle de Mulhouse, qui consacrent des centaines de mille francs, à récompenser la solution de questions industrielles qu'elles mettent chaque année au concours, et à entretenir des établissements pour former des contre-maîtres et instruire des jeunes gens qui se destinent à l'industrie.

lorsqu'on leur reproche les grandes fortunes acquises dans l'industrie, comme si ces fortunes, au lieu d'être la conséquence d'un travail à la fois intelligent et opiniâtre, étaient le résultat de spoliations, de malversations et d'exploitation du pays au profit de quelques individus!

On peut bien le dire, il existe une espèce de jalousie, surtout de la part des hommes appartenant aux professions libérales ou à la classe des employés, à l'égard des manufacturiers qui ont su créer de belles fortunes.

Avant de démontrer combien ces reproches et ces jalousies sont injustes et peu intelligents, il peut être utile de rechercher pourquoi on les rencontre si souvent en France et presque jamais en Angleterre.

En France, nous en trouvons la raison principale dans cette funeste tendance au fonctionnarisme, par suite de laquelle les jeunes gens ayant de l'intelligence, de l'ambition, de l'activité, au lieu de se destiner à des carrières commerciales ou industrielles se jettent presque tous dans les carrières soi-disant libérales, ou aspirent à devenir fonctionnaires.

Les plus belles années de leur jeunesse sont employées à étudier du grec et du latin; ils deviennent bacheliers, licenciés, surnuméraires, etc.

La tête meublée de connaissances aussi pénibles à acquérir qu'elles sont peu utiles pour la vie pratique, ils demandent à la société de leur procurer des fonctions qui soient en rapport avec les efforts qu'ils ont faits pour y arriver.

Mais le gouvernement, représentant de la société, ne peut procurer des places à toutes ces jeunes ambitions qui lui demandent de les caser, et qui, ne trouvant pas à se placer, deviennent des mécontents d'autant plus irrités et plus dangereux, qu'ils ont plus de connaissances et d'activité.

L'effet devenant cause à son tour, le gouvernement est pressé de tous côtés pour chercher à multiplier les fonctions publiques. Le nombre des fonctionnaires devenant exorbitant, et des places nouvelles étant toujours demandées, on a créé des aspirants; les places d'aspirants étant remplies, on a créé les aspirants-surnuméraires, et tout cela ne suffit même pas.

D'un autre côté, le nombre des fonctionnaires étant excessivement grand, les traitements qu'on leur alloue n'ont pu être que modiques, sans cela le budget en aurait été par trop écrasé.

De là vient que des positions même très-importantes et très-honorifiques, qui exigent que les titulaires tiennent un certain rang dans la société, ne comportent que des traitements de 2, 3, 4 et 5000 fr. Est-il étonnant que ces fonctionnaires voient avec jalousie et envie de petits industriels, n'ayant pas fréquenté les écoles, n'ayant souvent que peu d'éducation, ignorant les lettres, sachant seulement lire, écrire et calculer, gagner des 8, 10 à 20,000 fr., et de grands manufacturiers faire quelquefois des inventaires de plusieurs centaines de mille francs?

En Angleterre, où le fonctionnarisme n'existe pas, où tout homme d'intelligence et d'activité s'efforce d'acquérir des connaissances positives et pratiques, pour trouver à se caser avantageusement dans le commerce et l'industrie, cette funeste jalousie est inconnue.

Bien au contraire, les Anglais sont fiers des fortunes colossales que les fabricants de leur pays ont su gagner.

Ils les citent volontiers comme une preuve de la vitalité de leur pays, de ses richesses et de ses ressources, et malgré l'énorme différence qui existe entre les fortunes anglaises et les nôtres, fortunes qui proviennent presque toujours des bénéfices considérables réalisés dans l'industrie et le commerce, nous ne pensons pas que jamais un Anglais ait confessé qu'il était honteux des gains qu'il a pu faire[1].

---

[1] Les journaux ont rapporté qu'un grand manufacturier français avait déclaré à l'Empereur qu'il éprouvait un sentiment de honte, en songeant aux grands bénéfices faits par lui jusqu'à ce jour dans sa carrière industrielle. Si ce fait est vrai, nous ne pouvons nous empêcher de faire observer que ce fabricant aurait eu à sa disposition plusieurs moyens pour se

Nous avons dit plus haut que cette jalousie est injuste. En effet, ce n'est d'abord pas seulement le grand manufacturier qui peut gagner de fortes sommes ; il existe en France de hautes fonctions très-largement rétribuées, et pour lesquelles on n'exige cependant pas un travail aussi actif et aussi continu que celui auquel est astreint le fabricant.

Il y a ensuite des écrivains, des artistes qui, par leur plume et leur talent, parviennent à gagner des centaines de mille francs par an.

Il y a enfin les commerçants, les négociants, les commissionnaires, les banquiers, qui tous peuvent réaliser et ont réalisé des fortunes colossales. Certes, nous ne les leur reprochons pas ; mais il est cependant utile de ne pas passer entièrement sous silence combien, dans notre organisation sociale, le rôle du fabricant et du manufacturier est plus utile que celui du simple négociant.

Le manufacturier occupe un grand nombre d'ouvriers, il distribue beaucoup de salaires, il fait vivre bien des familles, a une grande responsabilité, et

soustraire à ce sentiment pénible. Il aurait pu vendre ses produits à meilleur marché et rendre ainsi un service signalé aux consommateurs, ou bien, il aurait pu augmenter le salaire de ses nombreux ouvriers, afin d'améliorer leur position et d'engager par là, en même temps, ses concurrents à l'imiter. Du moins de cette manière les millions que cet honorable industriel regrette d'avoir gagnés seraient restés dans le pays et lui auraient profité, tandis que par le libre-échange ils pourraient bien échoir en partage à nos concurrents anglais.

se contente très-généralement d'un bénéfice extrêmement modéré.

Si un établissement peut réaliser, ainsi qu'on l'a
avancé, des bénéfices de 500,000 fr., cela fait supposer une production ou un chiffre d'affaires de 10
à 15 millions, et ce chiffre seul démontre combien
il a fallu transformer de matières premières et payer
de mains-d'œuvre pour obtenir un résultat aussi
magnifique.

D'ailleurs des cas pareils doivent être excessivement rares. Il est même à présumer qu'un tel établissement est géré par une société anonyme, ou
appartient au moins à un certain nombre d'associés
solidaires ou en commandite. Et ceux-ci, en parta-
geant le dividende, trouveront peut-être que la part
échue à chacun d'eux est relativement bien moindre
que celle qu'on gagne dans beaucoup de petits établissements.

En outre, il faut remarquer que le bénéfice du
pays est en rapport avec celui du fabricant, et que
la richesse et la prospérité nationales s'en trouvent
véritablement augmentées.

Au contraire, le commerçant et le banquier, avec
quelques commis seulement, peuvent manier et
quelquefois tripoter les affaires les plus considérables, et gagner des sommes fabuleuses; nous n'a-
vons qu'à citer comme exemples les accaparements

du soufre de la Sicile, de l'émeri de la Grèce, du mercure de l'Espagne et de l'Autriche, et, dans les dernières années, les affaires scandaleuses de Bourse qui ont eu lieu dans presque tous les pays.

Il est encore à remarquer que ces sortes de gains ne profitent souvent qu'à ceux qui les font et que le pays en général n'en retire que peu de bénéfice.

L'industriel a presque toujours sa fortune immobilisée sur le sol de la patrie, tandis que le commerçant est plus cosmopolite et a très-souvent sa fortune répartie dans différents pays.

Le grand industriel dont la fortune consiste en matières premières ou en bâtiments, machines, outillage de toute espèce et produits fabriqués, contribue très-largement aux charges de l'État; le riche négociant ou banquier dont la fortune consiste généralement en valeurs mobilières, en actions, en obligations et en titres de toute nature, ne contribue que pour une très-faible part au budget national.

Il en est tout autrement du fabricant : nul, en effet, ne contribue mieux que lui, autant que lui, et par des voies aussi diverses, aux charges publiques. La valeur de son usine est connue; ses revenus sont faciles à apprécier; sa patente, ses droits proportionnels, sa valeur locative, rien n'échappe au fisc.

D'ailleurs, ce qui est permis au haut fonctionnaire, au grand littérateur et artiste, au commerçant et banquier, pourquoi ne le serait-il pas à l'industriel ?

Si le fabricant peut gagner beaucoup, il est en même temps exposé à faire de grandes pertes ; chez lui l'initiative et la responsabilité individuelle s'exercent très-largement, il a besoin d'autant de courage, de zèle, de coup d'œil juste, de perspicacité, d'entente des affaires, que qui que ce soit, et pour organiser ses ateliers, pour former ses ouvriers, pour perfectionner ses procédés et améliorer ses produits, il est obligé à un labeur des plus assidus et des plus obstinés.

Cette jalousie est d'autant plus injuste, que la carrière industrielle comme nous l'avons déjà fait remarquer est libre et ouverte à toute concurrence dans le pays même. Elle admet toutes les intelligences et toutes les activités. Chacun peut se mettre sur les rangs, et si une branche manufacturière présente des chances de bénéfices, personne n'est empêché de l'entreprendre et de participer aux gains qu'elle peut offrir.

Les étrangers eux-mêmes ont toute liberté de venir en France, d'y établir des manufactures et d'y faire concurrence aux fabricants et aux capitaux français.

Puisqu'il n'existe point de privilége, il ne peut y avoir de monopole pour le fabricant et on ne peut donc pas l'accuser d'exploitation et encore moins de spoliation.

Dire que les grands bénéfices de certains fabricants sont une conséquence du système protecteur, c'est dire une absurdité, car en Angleterre, où existe le libre-échange, les manufacturiers font aussi des bénéfices et même des bénéfices bien plus considérables qu'on n'en voit en France[1]. Il s'agit donc de savoir s'il vaut mieux laisser gagner ces bénéfices par les fabricants français, comme cela a eu lieu jusqu'ici, ou s'il est de l'intérêt de la France de les faire gagner aux industriels anglais.

Nous dirons enfin, que cette jalousie est inintelligente, parce qu'elle méconnaît les conditions essentielles du développement industriel et de la richesse d'une nation.

Dans la grande industrie, les bénéfices deviennent tout de suite considérables, lorsqu'une économie ou une amélioration est introduite dans les procédés manufacturiers, parce que, la production s'exerçant sur une très-grande échelle, les petites économies s'accumulent et se multiplient de manière à repré-

---

[1] Nous avons lu récemment un article du *Times*, dirigé contre l'école de Manchester, et contre l'énergie et la persévérance avec laquelle les manufacturiers du Lancashire, dans leur intérêt bien entendu, poussent le gouvernement anglais dans la voie du libre-échange le plus complet et réclament l'abolition entière de toute espèce de droits de douane.

Dans cet article, le *Times* asssure qu'à Manchester il y a des fabricants qui ne gagnent pas moins *de 2 à 2 millions et demi de francs par an*, et qu'avec l'extension de la liberté commerciale ils ont l'espoir fondé de gagner des sommes encore plus considérables.

senter bien vite de fortes sommes; mais les petites pertes peuvent s'accumuler de la même manière.

Ensuite, lorsqu'un nouveau produit, répondant à un besoin réel, apparaît sur le marché, il est évident que le premier producteur a pendant quelque temps le bénéfice de son invention et en récolte les fruits.

D'ailleurs c'est seulement au moyen des grandes fortunes que l'industrie manufacturière peut avancer et se perfectionner. Car pour cela, il faut pouvoir consacrer de fortes sommes à des essais souvent improductifs; il faut être à même de changer tout un matériel, souvent d'une grande valeur, contre un matériel nouveau plus perfectionné; il faut de l'argent pour former une population ouvrière, pour pouvoir attirer chez soi des directeurs ou des contre-maîtres bien expérimentés.

Ce n'est que le grand et riche fabricant qui peut chercher la matière première à la source pour l'avoir aux prix les plus bas et la transformer en produits manufacturés qu'à son tour il peut livrer au meilleur marché.

Il est vraiment étrange qu'on veuille accuser les industriels français d'égoïsme et de cupidité, lorsqu'ils essaient de défendre le système protecteur, et qu'on s'obstine à leur opposer la conduite toute différente des manufacturiers anglais, comme si la si-

tuation commerciale et industrielle des deux pays
était exactement la même !

On ne veut pas voir que ce fait est la preuve la
plus péremptoire de la différence des circonstances
dans lesquelles se trouvent sous ce rapport la France
et l'Angleterre.

En France, le libre-échange n'est acclamé principalement (et suivant nous à tort) que par les consommateurs rentiers et fonctionnaires. Les manufacturiers le repoussent à la fois dans leur propre
intérêt, dans celui de leurs ouvriers et dans l'intérêt
général du pays.

En Angleterre, ce sont précisément les manufacturiers qui, certains de leur supériorité, réclament
énergiquement la liberté de commerce, et eux aussi
le font dans leur propre intérêt et dans celui de l'Angleterre.

Les industriels français et anglais sont donc pous-
sés par le même mobile et ont en vue le même but,
c'est-à-dire le développement du mouvement industriel et commercial, et par suite l'augmentation de
la richesse et de la prospérité de leur pays.

Seulement les industriels français sont persuadés
que, dans le moment actuel, ce but ne peut être atteint pour la France que par la continuation d'un
régime protecteur efficace, tandis que les manufacturiers anglais ont la conviction bien fondée que c'est

le libre-échange qui convient maintenant le mieux à l'Angleterre et qui est le plus favorable au développement de sa puissance et de sa suprématie. Cela est tellement vrai que MM. Bright et Cobden, les chefs les plus brillants de l'école de Manchester et les partisans les plus dévoués du système de la liberté commerciale, appartiennent à la classe des manufacturiers et sont les représentants naturels des intérêts industriels de l'Angleterre.

M. Cobden, en employant à la négociation du Traité de commerce de l'Angleterre avec la France sa grande habileté, ses profondes connaissances et le respect qu'inspirent ses qualités éminentes et la noblesse de son caractère, est resté fidèle à ses convictions et à ses principes qui l'ont engagé jadis à agiter l'Angleterre, pour obliger le gouvernement d'abolir les droits sur les céréales.

Nous ne doutons même pas que M. Cobden, en cherchant à propager partout le libre-échange, ne croie agir aussi bien dans l'intérêt des peuples qui voudraient l'admettre que dans celui de sa patrie. Nous pouvons comprendre cette conviction de la part de M. Cobden; car lorsqu'on appartient comme lui à une grande et puissante nation, qui jouit de la plus grande somme de libertés politiques, civiles et religieuses, il est bien permis de croire que la prépondérance d'une pareille nation ne pourra manquer d'exercer l'influence la plus heureuse sur les peuples qui, mis en rapport intime avec elle, l'aideront à acquérir et à augmenter encore cette prépondérance.

Nous partagerions volontiers cette croyance si tous les Anglais ressemblaient à leurs plus illustres représentants, s'ils possédaient les sentiments de justice et d'équité de M. Cobden, son caractère conciliant, son amour de la paix, son désintéressement et sa grande modestie.

Certainement, la prépondérance d'un peuple uniquement composé de pareils individus, loin d'être un danger pour les autres nations, pourrait hâter considérablement les progrès et le perfectionnement de l'humanité.

Mais les Anglais, pris dans leur ensemble, ne s'étant pas encore fait connaître sous un aspect aussi avantageux et n'ayant pas fait preuve précisément des qualités que nous admirons à juste titre en M. Cobden, l'on voudra bien excuser et trouver naturel cet amour-propre français, qui nous fait penser que nous aussi nous possédons au moins autant de qualités et de droits que les Anglais, pour exercer une influence avantageuse et prépondérante sur les autres peuples.

Nous croyons même avoir plus de chances que les Anglais pour y réussir, parce que la France cherche plutôt sa gloire dans la propagation de ses idées et de ses principes, tandis que l'Angleterre n'a presque toujours pour mobile de ses actions que l'intérêt personnel et matériel.

Nous admettons volontiers l'incontestable supériorité des Anglais sur ce terrain, et c'est une distinction que nous ne leur disputerons pas : mais cela ne saurait nous empêcher de reconnaître, en toute occasion, ce qu'il y a de bon et de louable chez eux. Aussi signalons nous ici, avec plaisir, *leur grande reconnaissance pour les services rendus à leur patrie*. M. Cobden en est une preuve frappante. Non-seulement ses concitoyens proclament hautement son mérite éminent, mais les manufacturiers anglais se sont empressés de saisir à deux reprises l'occasion de lui manifester de la manière la plus palpable leur profonde gratitude.

Après l'abolition des droits sur les céréales, ils firent à M. Cobden, qui avait perdu sa fortune personnelle dans l'ardeur de la poursuite de la réforme commerciale, un don de deux millions et demi de francs.

Après la signature du Traité de commerce avec la France, ils recueillirent par une souscription rapidement couverte un nouveau million, qu'ils vinrent offrir à leur illustre négociateur.

De pareils faits honorent au plus haut point à la fois M. Cobden et ses compatriotes.

Ils démontrent que la nation anglaise sait apprécier et reconnaître les services rendus à son industrie et à son commerce. Il n'en est malheureusement pas tout à fait de même en France, où l'on oublie facilement les bienfaiteurs du pays et où le dévouement à la chose publique ne rencontre souvent pour récompense que l'indifférence et quelquefois même l'ingratitude.

VII.

Traité de commerce devant le Parlement.

(Droit *ad valorem*.)

M. Gladstone, dans son remarquable discours au Parlement anglais, malgré les précautions oratoires et les ménagements extraordinaires qu'il a employés dans son allocution d'une habileté consommée et à l'égard de laquelle le *Moniteur* a dit, avec raison, «que la hardiesse du financier y était égalée par l'éloquence de l'orateur parlementaire,» M. Gladstone n'a pas pu dissimuler combien le Traité de commerce promettait d'être favorable à l'Angleterre.

Ce discours est d'autant plus important, que son auteur est un des hommes d'État les plus illustres de l'Angleterre, un économiste hors ligne, le premier financier peut-être du monde. On y reconnaît l'homme rompu aux affaires qui ne dédaigne aucun détail, qui y attache au contraire toute l'importance qu'il peut mériter et qui ne craint pas de proclamer hautement la vive reconnaissance que l'Angleterre doit à son collègue et compatriote M. Cobden, dont nous venons d'énumérer les qualités éminentes.

Un pays qui possède de tels hommes et qui fait gérer ses affaires par eux, ne risque pas de voir commettre des erreurs.

Et néanmoins le peuple anglais ne s'y fie pas encore complétement; il exige que ce qu'ils ont fait soit encore examiné et approuvé par lui; c'est-à-dire par ses mandataires, siégeant à la Chambre des communes.

Quelle garantie! quelle sécurité pour le commerce et l'industrie de ce pays!

Avec de pareilles précautions, il est impossible qu'un pays puisse errer. Il peut être sûr, en agissant ainsi, que ses affaires commerciales et industrielles, c'est-à-dire des affaires d'une appréciation presque mathématique pour ceux qui les comprennent, seront toujours conduites à bonne fin et ne pourront jamais tourner à son désavantage.

Nous aurions vivement désiré que pour l'industrie française une marche analogue eût pu être suivie, et dans notre livre sur l'*Avenir de notre Société*, nous avons déjà insisté sur ce point et nous y avions proposé, il y a plusieurs années, la formation d'une commission gouvernementale chargée de procéder aux grandes enquêtes industrielles qui, d'après notre conviction, devraient toujours précéder toute modification importante dans notre régime douanier.

Nous sommes encore persuadé que les industriels français auraient éprouvé la plus grande reconnaissance pour leur gouvernement si, à l'exemple du ministère anglais, il avait également pu réserver le droit de soumettre le Traité à l'appréciation des mandataires du peuple français.

Mais enfin, puisque le gouvernement a pris la responsabilité du Traité, puisque c'est maintenant un fait accompli sur lequel on ne peut plus revenir, qu'il nous soit permis de demander que l'enquête qui n'a pas précédé le Traité de commerce, en soit du moins la conséquence. A cet effet nous émettons le vœu que le gouvernement veuille bien réunir au moyen d'une enquête les éléments nécessaires pour bien apprécier la situation et pour fixer des droits spécifiques qui, dans la limite du maximum de 30 %, puissent encore sauvegarder le plus possible, non-seulement les intérêts, mais nous dirons même l'existence d'un grand nombre d'industries françaises.

Une pareille enquête ne pourra certainement pas être considérée comme inopportune et superflue, lorsque nous la voyons pratiquée par les Anglais, qui ont à la tête de leur gouvernement des hommes comme MM. Gladstone et Cobden, et qui par suite de leur longue expérience des affaires commerciales et industrielles, nous sont supérieurs dans l'appréciation des détails dont ils ne négligent aucun.

Le gouvernement français s'est définitivement engagé, et sans se réserver la faculté de modifier le Traité sur des points qui plus tard auraient pu être reconnus très-désavantageux pour notre pays ; tandis que l'Angleterre, avant de transformer le Traité en loi et le rendre obligatoire pour elle, a conservé le droit de le discuter, de le modifier et même de le rejeter. Elle a donc eu le temps de prendre tous les renseignements possibles, de consulter ses manufacturiers et ses négociants, et si elle n'avait pas trouvé le Traité assez avantageux, après l'avoir soumis pendant deux mois à un examen scrupuleux et à des discussions publiques, elle aurait pu se refuser à le ratifier.

Si elle l'a adopté et sanctionné par le vote de son Parlement, c'est qu'elle l'a reconnu très-favorable à ses intérêts.

Telle étant la situation, nous réitérons notre prière et notre demande auprès du gouvernement impérial, qu'il fasse de son côté encore tout ce qui est possible, pour donner quelques garanties de sécurité aux nombreux industriels si vivement intéressés dans cette grave et importante question[1].

M. Gladstone, dans son discours, a proclamé que le Traité ne constitue point une position subordonnée de l'Angleterre à l'égard de la France et n'implique nullement le sacrifice des intérêts bri-

---

[1] Nous sommes heureux de constater que le gouvernement a prévenu nos désirs et que l'enquête aura lieu (voir le rapport du ministre à l'Empereur).

tanniques à ceux d'une nation étrangère; qu'en fait de concessions à la France, on n'a en réalité fait qu'un léger sacrifice sur le seul article des eaux-de-vie; que l'Angleterre a offert son aide à la France pour briser son système de prohibitions, et qu'en agissant de la sorte, il se peut qu'elle ait fait plus de bien à la France qu'à elle-même. Cependant il n'essaiera pas de rechercher de quel côté est la plus grande somme d'avantages. Il ajoute que ce que le gouvernement anglais a fait serait bon, même si la France n'avait rien fait du tout, mais que c'est doublement bon, bien entendu pour l'Angleterre, parce que la France a fait *beaucoup*. Que *le Traité est véritablement le coup de grâce donné au régime protecteur ; que c'est la fin de la protection.*

Il résulte de ce qui précède, que, d'après M. Gladstone lui-même, le Traité peut être plus avantageux à un pays qu'à l'autre, mais il ne veut pas rechercher s'il y a plus d'avantages du côté de la France ou de celui de l'Angleterre, probablement parce qu'il est complétement rassuré pour son propre pays; car il suffit de lire son discours pour voir qu'il a étudié cette question dans ses plus grands détails et qu'il n'ignore plus rien.

M. Gladstone nous dit d'ailleurs, dans ce même discours, qu'il sait parfaitement ce qu'il a fait et pourquoi il l'a fait.

Voici ses paroles :

« Quel est donc l'état du commerce en ce qui a
« trait à la France ? En 1858, la valeur totale d'ob-
« jets exportés d'Angleterre en France, non pas d'ob-
« jets anglais, mais d'objets d'origines diverses a été
« de 14,821,000 liv. st. Sur ce chiffre la consomma-
« tion intérieure de la France a absorbé 10,465,000
« liv. st.

« Tous les articles ne sont pas dénommés dans les
« relevés que j'ai en main, et je ne puis entrer dans
« les détails ; mais j'ai obtenu des renseignements pour
« la valeur de 9,619,000 liv. st., soit pour les dix-neuf
« vingtièmes du total. Voyez comment cette somme
« se distribue : sur ces marchandises envoyées d'An-
« gleterre en France en 1858, et montant à 9,819,000
« liv. st., il y avait pour 8,700,000 liv. st. de matières
« premières, qui n'avaient été l'objet d'aucune éla-
« boration, dont la majeure partie n'était pas de pro-
« venance britannique, et n'avait fait que traverser
« nos entrepôts ; et il y avait des articles à demi-ma-
« nufacturés pour 160,000 liv. st.

« Le montant total de nos expéditions à l'étranger,
« en articles manufacturés, s'élève tous les ans à 130
« millions sterling ; mais, en 1858, nos exportations
« en France, en cette sorte d'articles, n'ont été que de
« 688,000 liv. st. Il ne sera pas superflu de s'arrêter
« un instant avant de continuer cette analyse. Sur

« ces 688,000 liv. st. : il y avait 208,000 liv. st. pour
« des châles de cachemire qui ne faisaient que tran-
« siter, et 217,000 liv. st. pour des machines que nos
« amis de l'autre côté ont jugé à propos d'admettre
« comme offrant quelques avantages spéciaux. La
« valeur de tous les autres objets manufacturés est
« de 263,000 liv. st.

« Je désirerais savoir si c'est là un état tellement
« satisfaisant que nons devions refuser d'y rien chan-
« ger quand nous en avons l'occasion. Je comprends
« le raisonnement de l'homme modéré, partisan de
« la liberté du commerce, qu'il vaut mieux n'avoir
« qu'une demi-miche de pain que pas de pain du
« tout; qu'il vaut mieux détruire toutes les restric-
« tions qui existent chez nous, et laisser subsister
« celles de nos voisins, si nous ne pouvons les faire
« disparaître en même temps que les nôtres.

Ne résulte-t-il pas clairement de cet exposé,
qu'aux yeux des Anglais, leur commerce d'exportation avec la France n'a pas été suffisamment lucratif pour eux, et qu'il en sera tout autrement pour
l'avenir, lorsqu'ils pourront inonder la France de
leurs produits manufacturés les plus importants?

Mais ce qui nous a surtout frappé, et ce qui est de
la plus haute importance, c'est le passage suivant du
discours de M. Gladstone, que nous demandons la
permission de citer en entier :

« La France s'engage aussi à modifier les droits
« *ad valorem* en droits spécifiques par une conven-
« tion ultérieure; mais s'il devait résulter quelque
« difficulté au sujet de ces droits spécifiques, il res-
« terait toujours convenu que les droits qui reste-
« raient *ad valorem* ne peuvent dépasser 30 %. Les
« droits seront perçus dès lors d'après la méthode
« d'appréciation aujourd'hui en usage dans les
« douanes anglaises, c'est-à-dire que l'importateur
« déclarera la valeur, et la douane de France pourra
« s'approprier l'article en payant le prix déclaré avec
« l'addition des 10 % [1]. Je dois dire que je vois une
« preuve signalée du libéralisme sincère du gouver-
« nement français dans le fait qu'il a ainsi consenti
« à introduire dans sa législation commerciale une
« semblable disposition, qui est de nature à écarter
« les soupçons et à assurer la scrupuleuse exécution
« du Traité. Il y a de plus une autre clause : c'est
« que le maximum de 30 % sera, dans trois ans au
« plus, réduit à 25 %; et je me permettrai de rap-
« peler au comité que cette limite de 30 %, à la-
« quelle la France se soumet en quittant le système
« de la prohibition absolue, est précisément la règle

---

[1] Ce chiffre se trouve dans la traduction du discours de M. Gladstone,
inséré dans le *Moniteur*. Mais au lieu de 10 % il n'est réellement que
de 5 %, comme nous avons pu le constater dans le texte officiel du
Traité, et ainsi que l'avait indiqué la version primitive empruntée aux
journaux anglais.

«qui avait été adoptée par le Parlement britannique,
« alors que M. Huskisson était ministre du commerce
« et que nous commençâmes à modifier d'une ma-
« nière importante notre législation commerciale.
« Mais, je dois le dire, il existe une différence entre
« les deux cas : en Angleterre, dans une foule de
« circonstances, la mise en œuvre du principe était
« telle qu'on percevait des droits bien au-dessus de
« 30 %; au contraire, d'après les termes du Traité
« actuel, la France nous donne la garantie que 30 %
« seront réellement le maximum perçu, et que, par
« l'effet de la nature des choses, dans un grand
« nombre de cas, les droits seront bien au-dessous
« de ce taux, même sur les objets manufacturés.»

Nous ferons remarquer que c'est ce paragraphe
relatif à la conversion des droits *ad valorem* en droits
spécifiques, qui est peut-être le point capital du
Traité.

Nous attachons la plus grande importance à ce
que des droits spécifiques soient substitués aux
droits *ad valorem*, mais à condition que les droits
spécifiques ne soient pas illusoires.

Les droits *ad valorem* pour une foule de produits
et spécialement pour les produits métallurgiques,
sont extrêmement difficiles à constater. Ils se prêtent
trop facilement à la fraude, surtout puisqu'en cas de
saisie, il faut payer 5 % en plus de la valeur décla-

rée. N'est-ce pas inviter, pour ainsi dire, le fabricant anglais, à faire une déclaration d'autant au-dessous de la valeur réelle, puisqu'il peut le faire sans le moindre risque? Nous dirons même qu'il peut aller impunément bien au delà. Car il n'est pas probable que la douane opérera souvent de telles saisies, parce qu'elle perdrait sans aucun doute sur ces sortes d'opérations, à cause de la difficulté de placer des marchandises souvent d'une forme spéciale, faites sur commande et pouvant par là perdre considérablement de leur valeur en changeant de main.

D'ailleurs, si l'on saisissait deux fois à un fabricant anglais, il pourrait expédier la troisième fois (afin de tromper la douane française) des marchandises semblables aux précédentes, mais d'une très-mauvaise qualité, laquelle ne pourrait se reconnaître qu'à moins d'un long examen par des hommes spéciaux.

En outre, la France possédant un grand nombre de ports, il suffirait souvent de diriger la marchandise sur un petit port, pour rendre une telle saisie très-onéreuse à la douane.

Le manufacturier anglais pourrait donc souvent indiquer une valeur de 10 ou 20 %, et dans certains cas de 30 à 40 % au-dessous de la valeur réelle, et le droit protecteur en serait diminué d'autant.

Un pareil état de choses n'a pu être dans l'intention du gouvernement français, puisqu'il a réservé la conversion du droit *ad valorem* en droits spécifiques à établir d'après les tarifs en vigueur six mois avant la conclusion du Traité. Ayant accepté loyalement toutes les conditions de ce traité, le gouvernement français est aussi en droit de demander que la conversion soit acceptée de même. Si donc l'Angleterre, dans le but de maintenir tout ce qui pourrait favoriser excessivement les manufacturiers anglais au détriment des producteurs français, voulait se refuser à cette conversion des droits, en se basant sur la lettre de l'article qui exige *un commun accord*, cela ne serait ni bien, ni équitable, ni conforme à la loyauté qui doit toujours présider aux transactions entre deux grandes nations.

Si nous avons quelques appréhensions à ce sujet, elles ont été fortifiées par le passage suivant du discours de M. Bright :

« Lorsque la convention sera effectuée, et ce sera « immédiatement après la sanction du Parlement, on « s'arrangera sur les droits spécifiques, et lorsque le « commerce sera ouvert sur cette convention, j'ai « l'assurance des plus excellentes autorités, que, « quelque bon que puisse paraître le Traité mainte- « nant, le résultat sera considérablement meilleur « que le Traité lui-même. »

Si la convention est loyalement exécutée et si les

droits *ad valorem* sont remplacés par un droit spécifique, exactement équivalent, nous ne voyons pas pourquoi le Traité, après la convention, et *après* cette conversion des droits, sera encore plus avantageux aux Anglais qu'il ne l'est déjà maintenant *avant* la conversion.

Pour nous expliquer l'assertion de M. Bright, il nous faut admettre l'une ou l'autre des deux hypothèses suivantes : D'après la première et la plus probable les Anglais espèrent que, par suite du Traité, l'industrie française sera promptement écrasée et annulée et que les manufacturiers anglais pourront alors élever sans inconvénient et dans une proportion notable les prix de leurs marchandises. Le droit spécifique restant toujours le même, malgré cette augmentation de prix, il ne représentera plus en réalité qu'un droit *ad valorem* de beaucoup inférieur à celui qu'il avait remplacé primitivement.

D'après la seconde hypothèse, beaucoup moins probable et qu'il nous répugne même d'énoncer, il faudrait admettre que les manufacturiers anglais se rendront coupables de fraudes dans la déclaration des valeurs de leurs produits, pour obtenir immédiatement les droits spécifiques les moins élevés possibles.

Nous connaissons trop bien la loyauté proverbiale de la masse des industriels et commerçants

BIBLIOTHÈQUE IMPÉRIALE IMPR.

anglais, pour penser que de pareilles fraudes seraient pratiquées sur une large échelle; mais quand
même elles ne seraient que l'exception, elles suffi-
raient pour augmenter le préjudice déjà trop considérable, que nous causent les conditions stipulées
dans le Traité de commerce.

Nous espérons donc, que le gouvernement français tiendra ferme et exigera que la protection soit
du moins véritablement et non illusoirement de
30 %, là où la nécessité et l'opportunité d'une pareille protection aura été reconnue, surtout puisqu'au bout de quatre ans, elle ne sera plus que de
25 %. En effet, si les marchandises fabriquées ne
sont pas soumises à un droit spécifique, il peut arriver, en déclarant à leur entrée une valeur inférieure à leur valeur réelle, que le droit *ad valorem*
ne compenserait pas même celui dont sont grevées
les matières premières employées à leur fabrication.
Il est évident, qu'il en résulterait un immense avantage pour les fabricants anglais.

Une autre considération, d'une grande importance,
doit encore engager le gouvernement à veiller à ce
que le droit spécifique soit suffisamment élevé et
protecteur. Elle repose sur ce fait, que plus une fabrication s'exerce sur une large échelle, plus il est
facile d'y apporter des améliorations et des perfectionnements. Toute augmentation de vente est un

signe de progrès de la part du producteur, car elle est motivée par l'une de ces deux causes : ou bien il produit mieux, ou bien il fabrique à meilleur marché.

Une des raisons principales, invoquées dans le rapport des ministres à l'Empereur, en faveur du Traité, a été d'obliger par la concurrence les manufacturiers français aussi bien qu'anglais, de perfectionner leur fabrication, de la rendre plus économique, et d'arriver finalement à produire mieux et à meilleur marché. Mais ce but pourrait-il être atteint lorsque, par des droits spécifiques trop peu protecteurs, la majeure partie du marché français serait livrée aux manufacturiers anglais ?

Ceux-ci se trouvant, naturellement et sans aucun effort de leur part, en jouissance du bénéfice d'une vente plus considérable, ne seraient point forcés de vendre meilleur marché qu'actuellement.

Ils réaliseraient les économies sur les frais généraux, qui sont la conséquence inévitable d'un plus grand chiffre d'affaires ;

Ils ne seraient donc nullement stimulés à faire des efforts pour opérer des améliorations dans leurs procédés de fabrication, et les perfectionnements qu'ils pourront y introduire, seront moins le résultat d'un travail opiniâtre et persévérant, que la conséquence naturelle d'une fabrication sur une plus vaste échelle.

Pour le manufacturier français, au contraire, la position sera toute différente : lui, à la vérité, sera très-puissamment stimulé à chercher des améliorations, à opérer des changements et des perfectionnements dans ses procédés de fabrication; car, sous peine de ruine, il sera forcé de produire mieux et à meilleur marché.

Mais sera-t-il dans des circonstances favorables pour atteindre ce but? Bien au contaire, il se trouvera dans les circonstances les plus défavorables! Par suite de la perte d'une grande partie du marché français, sa vente et par conséquent aussi sa production, auront beaucoup diminué. Pourra-t-il alors bien réaliser ces changements et perfectionnements pour lesquels la grande production est presque toujours une condition *sine qua non?* En outre, par suite de la diminution de la fabrication, la proportion des frais généraux, subira une forte augmentation, et en définitive, si même au moment de la mise à exécution du Traité, les manufacturiers anglais et français se trouvaient en apparence, dans des circonstances à peu près égales, au bout de fort peu de temps, par les raisons que nous venons de signaler, le fabricant français sera dans une position très-inférieure à celle du manufacturier anglais.

Cette lutte inégale donnerait probablement lieu à des réductions pénibles dans les gains des ouvriers français et causerait même souvent la ruine du fabricant.

Aussi en tenant compte de ces considérations, dont aucun esprit impartial ne pourra contester la valeur, le gouvernement français devra s'efforcer d'obtenir un droit spécifique (bien entendu dans les limites du Traité) d'au moins 10 % plus élevé que celui qui, au premier abord serait suffisant pour mettre les industriels français et anglais sur un pied de parfaite égalité ; surtout, puisqu'au bout de quatre ans, les droits seront de nouveau réduits de 5 %.

Il ne faut enfin pas perdre de vue, qu'une autre considération doit encore engager le gouvernement à chercher à obtenir les droits spécifiques les plus élevés possibles, c'est celle-ci : que la France pourrait toujours réduire ces droits, si elle en reconnaissait l'opportunité, mais qu'elle ne pourrait plus jamais les augmenter, quand même elle s'apercevrait, mais trop tard, de leur insuffisance.

Le libre-échange complet serait même moins onéreux pour la France qu'un droit *ad valorem* illusoire et se prêtant à la fraude. Du moins avec le libre-échange complet, on pourrait abaisser toutes les barrières douanières, et le pays serait dispensé de payer une foule d'employés chargés de faire observer les règlements de douane. Les retards et les ennuis que provoquent les visites à la frontière disparaîtraient alors entièrement. Le commerce serait libre de toute entrave, et le budget trouverait dans l'économie réalisée sur le traitement des employés et la solde des douaniers, une certaine compensation au déficit résultant de la suppression des revenus de la douane.

Ensuite, les hommes convaincus de l'utilité de la protection douanière, pourraient, dans ce cas, encore espérer que le gouvernement, en voyant tout d'un coup l'immense malheur qui accablerait la France par l'adoption du libre-échange, s'empresserait de renoncer à ce système, pour revenir à celui de la protection. Tandis que si la décadence de l'industrie s'opère peu à peu, l'on s'en aperçoit moins, et dans l'espérance illusoire d'une amélioration future, on laisse aller les choses, et l'industrie malade finit par mourir de consomption.

Certainement il eût été désirable que les droits spécifiques eussent pu être fixés avant la signature du traité : on serait parvenu plus facilement à s'entendre et bien des difficultés auraient pu être évitées.

Aujourd'hui cela sera plus difficile, puisque chaque pays doit chercher naturellement à sauvegarder et à faire prévaloir les intérêts de ses habitants.

Dans cette circonstance, c'est la France qui fait les plus grands sacrifices, puisque c'est elle qui abandonne son ancien système protecteur, qui lui avait été jusqu'à ce jour si avantageux, pour inaugurer le système opposé dont elle a de puissantes raisons pour appréhender les résultats et dont les conséquences heureuses ne lui sont nullement garanties.

L'Angleterre, au contraire, ne fait que continuer et étendre le système de liberté qu'elle pratique déjà depuis une série d'années, système que sa suprématie industrielle lui rend excessivement favorable, et dont chez elle l'expérience a constaté combien étaient grands les bénéfices qu'elle en retirait.

Nous pensons donc, qu'en toute justice, le gouvernement français est en droit de demander que les droits spécifiques qu'il aura reconnus équitables et correspondant à la valeur réelle des objets fabriqués, soient acceptés sans trop de contestations et de difficultés de la part des Anglais.

L'Angleterre ne pourra et ne devra invoquer la clause de la perception du droit *ad valorem*, que dans le cas où elle serait en mesure de démontrer d'une manière évidente, que la France veut percevoir un droit spécifique, incontestablement supérieur à la valeur réelle.

Si la France, par des documents statistiques et par les renseignements recueillis peut établir, que son appréciation n'est point exagérée mais est conforme à la réalité, c'est son chiffre qui devra faire loi.

Nous ne croyons pas que des difficultés s'élèveront quant à la valeur réelle des objets manufacturés de l'Angleterre, puisqu'il est facile de l'établir et de la constater. D'ailleurs les transactions commerciales accomplies pendant les six mois, précédant le Traité officiel offriront tous les éléments nécessaires pour une recherche exacte.

Mais où pourront surgir les contestations et les différences, ce sera lorsqu'il s'agira de déterminer la *moyenne* de la valeur réelle d'un grand nombre d'objets de fabrication similaire; moyenne qu'il est cependant de la plus haute importance de fixer bien exactement, *avant d'aborder la question de la quotité des droits spécifiques.*

C'est un cas des plus fréquents, de voir des produits fabriqués, être non-seulement semblables, mais même identiques par leurs formes, et présenter cependant des différences extrêmes quant à la qualité. D'un autre côté des objets de même qualité peuvent varier extrêmement quant à leurs formes, leurs dimensions, leur force, etc., etc.; et être le résultat d'un travail tantôt très-soigné, tantôt très-négligé.

Il s'ensuit que les prix et la valeur d'un même poids de ces objets, pourront présenter de très-notables différences, et entre les extrêmes peuvent exister une foule de prix intermédiaires.

Comment maintenant établir la valeur moyenne des 100 kilogrammes de cette infinité de produits similaires, valeur moyenne qui doit servir de base pour l'établissement du droit spécifique?

Évidemment si la France tirait de l'Angleterre approximativement la même quantité de ces objets en qualité supérieure et en qualité inférieure, en fortes et en faibles dimensions, d'un travail très-fin et d'un travail grossier, on n'aurait qu'à prendre la moyenne entre les prix les plus élevés et les prix les plus bas, pour trouver la valeur moyenne réelle devant servir de base au droit spécifique.

Mais si la France ne faisait usage que des produits de qualité supérieure, présentant beaucoup de fini et dans les dimensions les plus coûteuses, elle devrait en toute justice et pour ne pas compromettre les intérêts des fabricants français, prendre pour base du droit spécifique une valeur très-rapprochée des prix les plus élevés de ce genre de produits.

D'un autre côté les Anglais pourront prétendre que ce sont les qualités inférieures, d'un travail ordinaire et de dimensions les moins chères, qui sont les sortes courantes et les plus demandées, et que, par conséquent ce sont les prix les moins élevés qui devraient servir de base à la fixation du droit spécifique.

En présence de cette grande divergence d'opinion

et de prétentions, l'entente et le commun accord
feront défaut dans un très-grand nombre de cas.
Pour pouvoir arriver à une solution, il nous paraît
indispensable que l'une des parties contractantes
ait une voix prépondérante. Nous avons déjà suffisamment indiqué les raisons pour lesquelles il nous
semble équitable que cette voix prépondérante doit
appartenir à la France, qui aurait le plus à souffrir
et qui éprouverait les plus forts dommages de la
fixation d'un droit spécifique trop bas.

Si cependant les Anglais, par suite de mauvais
vouloir ou dans un esprit par trop mercantile, se
refusaient obstinément à admettre le droit spécifique réellement équitable proposé par la France,
et si s'appuyant sur la lettre du Traité, ils exigeaient
pour cette catégorie de produits manufacturés les
droits *ad valorem*, dans ce cas, que resterait-il à
faire au gouvernement français, pour sauvegarder
encore autant que possible les industries indigènes
menacées par l'inefficacité de ce droit par trop élas-
tique?

Dans ce cas, le gouvernement français, obligé
d'accepter le droit *ad valorem*, devrait en exiger le
maximum, c'est-à-dire 30 %, et en outre prendre
en même temps toutes les mesures nécessaires pour
que la valeur réelle des objets fabriqués importés
d'Angleterre en France pût être constatée avec la

plus rigoureuse exactitude. Puisqu'il peut exister de grandes différences dans les qualités, les dimensions et le fini de ces objets, différences qui exercent une grande influence sur leur valeur réelle, l'expéditeur anglais devra être astreint rigoureusement à subdiviser son envoi d'après les catégories désignées. Chaque sorte, chaque qualité, chaque dimension de ces produits devra être présentée à la douane française dans un colis séparé et avec désignation de sa valeur. La déclaration de valeur devra contenir autant de prix distincts, qu'il pourra exister de subdivisions dans la nature, les dimensions et la qualité des objets fabriqués.

L'entrée en France devra être défendue à toute expédition, dans laquelle il sera reconnu que des objets de valeurs différentes ont été emballés ensemble ou compris dans la même déclaration.

Ces précautions, quel que minutieuses qu'elles puissent paraître au premier abord, sont cependant d'une nécessité absolue; car il est facile de reconnaître que la garantie stipulée dans le droit de préemption de la douane, en cas de déclaration de valeur insuffisante, deviendrait complétement illusoire, si des cargaisons entières de produits anglais pouvaient être importées moyennant une déclaration unique ou même de déclarations séparées, mais comprenant chacune une série d'objets qui en réalité représenteraient des valeurs différentes.

Les inconvénients du droit *ad valorem* sont si nombreux, et son application si dangereuse, que ce n'est qu'en prenant de pareilles précautions et en exigeant toutes ces formalités, que le gouvernement français pourra sauvegarder encore un peu les intérêts de ses manufacturiers et de leurs nombreux ouvriers.

Il est probable que de pareilles dispositions, établies et maintenues avec une grande fermeté et avec une exactitude scrupuleuse, pourront contribuer à faciliter l'acceptation de la part de l'Angleterre de droits spécifiques réellement équitables.

Dans tous les cas, si pour un certain nombre d'articles, le droit *ad valorem*, faute d'accord, devait être accepté par le gouvernement français, il conviendrait de ne désigner qu'un ou deux ports de mer, par lesquels les produits manufacturés, payant les 30 °/₀ *ad valorem*, pourraient seuls être admis en France. Une pareille mesure serait alors très-nécessaire, non-seulement pour faciliter la préemption dans le cas de déclaration de valeurs trop faibles, mais encore pour éviter au pays l'obligation de payer un état-major par trop nombreux d'employés de douane, de vérificateurs, d'experts, etc., etc., et pour diminuer le plus possible les frais toujours considérables, qu'entraîne la perception des droits *ad valorem*.

Comme mesure extrême, dans la supposition d'ailleurs peu probable, de trop de chicanes, de difficultés et d'obstination à ne pas accéder à des demandes justes et équitables de la part de l'Angleterre, il resterait encore à la France la ressource d'appliquer le droit de 30 % à tous les produits anglais qu'elle pourrait y soumettre [1].

A ces considérations en faveur de la conversion, nous ajouterons une dernière qui n'est pas sans importance.

C'est que, pour hâter la ruine des fabricants français, les Anglais pourront introduire, au moyen du droit *ad valorem*, des marchandises non entièrement finies, qu'ils feraient ensuite achever en France par quelques-uns de leurs ouvriers.

Pour de pareilles marchandises la préemption serait presque impossible. Le gouvernement et ses employés ne pouvant se faire fabricants. Ces objets pourraient donc entrer en France avec des déclara-

[1] Au moment de l'impression de ces pages, les journaux nous ont apporté un excellent article de M. Saint-Marc Girardin sur le même sujet.

Le spirituel et éminent écrivain, qui a déjà rendu de si nombreux et signalés services à la cause de l'industrie nationale, y a fait ressortir avec sa verve habituelle et avec une puissance de logique remarquable, l'importance de la conversion des droits *ad valorem* en droits spécifiques, et les énormes inconvénients qu'il y aurait à admettre la participation des Anglais dans cette opération.

Comme cet article complète ce que nous avons dit sur ce même sujet en y ajoutant de nouveaux et puissants arguments, nous avons cru devoir le reproduire et le lecteur le retrouvera parmi les notes justificatives. (Voir à la fin.)

tions de valeurs extrêmement inférieures à leur valeur réelle, et une foule d'industries françaises, surtout les industries métallurgiques, seraient gravement compromises par une pareille manœuvre.

Si nous osons tant insister sur cette question qui
nous paraît être le point capital du Traité entre la
France et l'Angleterre, c'est que nous avons la conviction, qu'au fond les intentions du gouvernement
sont d'accord avec ce que nous demandons. Nous
pouvons avoir pleine confiance dans les sentiments
patriotiques de l'Empereur qui, dans toutes les circonstances, a manifesté sa ferme volonté de placer
la France aussi haut que possible parmi les autres
nations, et qui a toujours témoigné la plus grande
sollicitude pour le bien-être et la prospérité de la
classe ouvrière, bien connue pour son amour et son
attachement à la dynastie impériale.

Suivant en cela la tradition de son illustre an-
cêtre Napoléon Ier, qui n'avait en vue que la gloire,
la grandeur et la prospérité de notre patrie, Napoléon III ne peut avoir l'idée d'amoindrir l'industrie,
qui est une de nos gloires actuelles et l'élément
principal de notre prospérité.

Amoindrir l'industrie, ce serait ruiner les manufacturiers et faire tarir la source du bien-être des
ouvriers. Car il y a solidarité complète entre fabricants et ouvriers, et l'intérêt des uns est en même

temps celui des autres. Or, l'Empereur, dans sa sagesse et dans son amour pour notre patrie, n'a pu vouloir la ruine ni des uns, ni des autres.

Si le gouvernement a voulu aller aussi loin que possible dans le but de faciliter les échanges et de créer des relations de plus en plus intimes entre les deux plus grandes nations de l'Europe, son intention est certainement aussi de s'arrêter au point où de plus grandes concessions pourraient devenir dangereuses et funestes.

C'est aussi cette conviction qui nous a enhardi à exposer avec la plus grande franchise et avec la plus complète liberté nos pensées et nos réflexions sur le Traité de commerce entre la France et l'Angleterre.

Nous regardons même comme un devoir de la part des hommes intéressés à cette grave question, ou possédant des connaissances spéciales en fait d'industrie ou de commerce, de faire connaître publiquement leur opinion à cet égard ; c'est le meilleur moyen d'éclairer la situation, soit en communiquant sa conviction aux autres, soit en provoquant des répliques. Car c'est du choc des opinions que jaillit la vérité.

Un Traité de commerce intéresse d'ailleurs tous les habitants des pays qui le contractent; il touche directement ou indirectement à tous les intérêts d'une nation.

Le Traité de commerce entre deux peuples peut être comparé à un *marché* conclu entre deux individus; et M. Baring, l'un des membres les plus compétents du Parlement anglais, a même donné cette qualification au récent Traité.

Ainsi, comme un marché peut être bon pour l'un des contractants et mauvais pour l'autre, de même un Traité peut être avantageux à une nation et nuisible à l'autre.

Il ne faudrait donc pas donner trop d'étendue à cet axiome que *plus un pays est riche et prospère, plus il contribue à la richesse et à la prospérité des autres.*

En effet, si notre Traité avec l'Angleterre est plus avantageux à celle-ci qu'à nous, il est certain que l'Angleterre augmentera sa richesse aux dépens de la France, et que la richesse actuelle de la France diminuera.

A la vérité, la richesse générale du monde n'en recevra aucune atteinte, pas plus que la richesse générale d'un pays n'est amoindrie si, par un marché quelconque, un individu en a ruiné un autre.

Mais il n'est pas moins vrai que tant que les divers pays du monde, ne formeront pas une seule nation, chaque pays agira sagement en ne faisant rien qui soit contraire à ses intérêts; car, si la France, dans son commerce avec l'Angleterre, perdait une

partie de sa fortune, l'axiome ci-dessus ne change-
rait rien à ce fâcheux état de choses. L'Angleterre
riche, serait devenue encore plus riche, mais la
France riche le serait devenue moins.

Il faut remarquer, pour l'intelligence de cette
question, qu'il y a une grande différence entre l'industrie et le commerce, et l'influence de l'une et de
l'autre sur la richesse et la prospérité de l'État. Le
commerçant d'un pays qui, pour de l'argent achète
à l'étranger des produits, peut gagner autant que le
commerçant étranger qui les lui fournit; mais le pays
étranger qui fabrique ces produits gagne encore tout
le bénéfice résultant de cette production.

Exemple : Un commerçant français achète à un
commerçant anglais, contre de l'argent comptant,
pour 100,000 fr. de draps fabriqués en Angleterre.
Sur cette vente, le commerçant anglais gagne
10,000 fr., et le commerçant français, en vendant
ces draps en France, gagne également 10,000 fr.
Voilà donc la balance rétablie, et l'on pourrait croire
que chacun vendant et achetant une marchandise
pour ce qu'elle vaut pour lui, ni l'Angleterre ni la
France n'auront perdu quelque chose dans cette
opération; cependant l'avantage du côté de l'Angleterre est immense; car, quoique le commerçant
anglais n'ait pas gagné plus que le commerçant
français, il n'en est pas moins vrai que les

90,000 fr. qui forment le prix d'achat de ces draps en fabrique, sont gagnés par le fabricant de drap anglais et ses ouvriers, par le constructeur de machines anglais et ses ouvriers, par tous les autres ouvriers, voituriers, etc., etc., qui touchent à cette industrie, jusqu'au propriétaire, cultivateur, fermier, etc.; et le gouvernement anglais gagne les contributions que toutes ces personnes lui paient. Tandis que, du côté de la France, il n'y a d'autre gain que les 10,000 fr. du commerçant; car sur les 90,000 fr., or ou argent, il n'y a aucun bénéfice autre que celui fait par la monétisation, ce qui est peu de chose.

Par conséquent, il est clair que si la France ne faisait que des affaires de ce genre, elle perdrait peu à peu tout le numéraire qu'elle possède. Il est donc essentiel qu'elle puisse constamment exporter autant de produits qu'il lui faut de l'or ; et voilà justement ce qui deviendrait non-seulement difficile, mais impossible avec le libre-échange, dans la situation réciproque de l'état industriel et commercial des divers pays.

Car les besoins de produits manufacturés augmentent considérablement avec la richesse du pays, et en bien plus forte proportion que les besoins alimentaires.

Lorsque nous considérons la diversité infinie des intérêts d'une grande nation, lorsque nous comprenons la haute importance qui s'attache, pour ainsi dire, à chaque industrie particulière d'un pays, nous sentons tout ce qu'il y a de difficile et de téméraire à vouloir bien résoudre les questions qui touchent les importations et les exportations d'un peuple.

Il faut pour cela pouvoir presque pénétrer l'avenir; car un perfectionnement, une invention, une modification quelconque en industrie, en politique ou en économie politique peuvent déjouer tous les calculs.

Pour cette raison aussi, nous n'aurions jamais conseillé à la France de faire un Traité de commerce à moins de prévoir qu'il y aurait trois chances contre une que ce Traité fût avantageux à la France, surtout si un tel Traité avait dû se faire avec l'Angleterre, notre plus puissante rivale. Et si les hommes d'État anglais ont consenti à signer ce Traité, nous présumons qu'ils auront appliqué la mesure que nous venons d'indiquer.

Au lieu d'un Traité qui nous lie irrévocablement pendant une longue série d'années, nous aurions cent fois préféré que la France eût fait les plus larges concessions douanières possibles, même sans obtenir la moindre concession en retour de la part des autres nations.

Au moins, dans ce cas, elle aurait conservé sa liberté et eût pu revenir sur une mesure dont plus tard elle aurait reconnu le mauvais effet.

Elle aurait même pu stipuler qu'elle ne laisserait jouir de ces concessions que les peuples qui agiraient avec la même libéralité à son égard; tout en déclarant qu'elle n'entend engager son avenir avec aucun pays, mais qu'elle veut conserver sa liberté d'action tout comme elle la respecte chez les autres.

Nous sommes encore intimement convaincu que cette manière d'agir aurait donné bien plus de garantie à la conservation de la paix des peuples que n'en peut donner le meilleur Traité de commerce du monde. Car, ainsi que nous l'avons dit, un Traité de commerce touche aux intérêts les plus importants d'une nation, et il est impossible qu'il puisse être également profitable aux deux pays qui l'ont conclu ensemble. Il peut être doublement avantageux à l'un, comme il peut être doublement onéreux à l'autre.

Supposons maintenant que, par suite du Traité l'une des nations éprouve de grands dommages, que son industrie dépérisse et que les espérances qu'on a conçues ne se réalisent pas; dans ce cas nous craignons fort, surtout si la cause de ces souffrances et de ces déceptions ne peut être ni changée, ni enlevée, que la bonne harmonie ne soit détruite et qu'elle ne se transforme en un sentiment d'animosité chez le peuple exploité, et qu'ainsi l'alliance et avec elle la paix du monde ne soient gravement compromises. Et cela arriverait d'autant plus facilement, s'il existait encore de vieux préjugés et d'anciennes rivalités chez les deux peuples qui se seraient alliés de cette façon.

Cette crainte d'une grande inégalité dans les avantages renfermés dans le Traité franco-anglais, nous a été surtout inspirée par le discours de M. Bright, membre du Parlement, lorsqu'il dit que les concessions faites par la France sont cinq fois plus importantes que celles faites par l'Angleterre. Nous croyons qu'il est même resté au-dessous de la réalité, en ce qui concerne les industries métallurgiques de fer et d'acier.

Voici en quels termes M. Bright fait l'énumération de la liste des produits manufacturés dont les fabricants anglais se disposent à inonder le marché français.

« Il y a les métaux de toute espèce dont nous ex-
« portons par an pour plus de 425 millions de francs.

« Les machines de toute sorte dont nous expor-
« tons pour près de 100 millions de francs.

« La coutellerie de toute nature dont nous expor-
« tons à peu près la même somme.

« Les fils de coton dont nous exportons pour 237
« millions de francs.

« Les tissus de coton dont nous exportons pour
« 925 millions.

« Les fils de lin dont nous exportons pour 40 mil-
« lions de francs.

« Les toiles de lin dont nous exportons pour 108
« millions.

« La poterie dont nous exportons pour plus de 31
« millions.

« Les fils de laine dont nous exportons pour 75
« millions de francs.

« Les tissus de laine dont nous exportons pour
« plus de 31 millions de francs.

« Et le cuir dont nous exportons pour plus de 31
« millions de francs.

« La valeur de ces exportations se monte ensemble
« à la somme énorme de plus de 2 milliards 825
« millions de francs. »

M. Bright ajoute très-spirituellement que les fabricants français seront consternés en voyant cette
nomenclature. Nous sommes de son avis ; on le serait
certes à moins. C'est que ces craintes sont parfaitement légitimes et se basent sur la supériorité incontestable des Anglais, dans les branches de fabrication les plus importantes.

Elles s'expliquent et se justifient beaucoup mieux
que les craintes qu'éprouvent nos voisins à l'égard
des projets d'invasion de leur territoire qu'ils nous

attribuent bien gratuitement. Et cependant ces appréhensions de collision avec la France et de possibilité d'une invasion, appréhensions que nous sommes en droit de traiter d'imaginaires, n'ont-elles pas suffi pour agiter profondément une partie de la population de l'Angleterre; les Anglais n'ont-ils pas dépensé plus d'un milliard de francs en armements de toutes sortes, pour se protéger contre la supériorité de notre artillerie et contre la vaillance de nos zouaves? Et M. Bright, tout en se moquant des frayeurs de ses compatriotes, n'accorde-t-il pas son puissant appui aux ministres qui font ces formidables dépenses?

Ceci nous fait presque soupçonner, qu'en défendant avec tant de feu et d'entrain le Traité de commerce, M. Bright pense peut-être que cette pièce pourra devenir plus dangereuse pour la France et parviendra mieux à battre en brèche notre puissance que tous les engins de guerre, canons Armstrong, Whitworth, etc., que ses compatriotes ont déjà imaginés ou pourront encore inventer.

VIII.

Politique anglaise à l'égard de la France.

Qu'on nous permette ici de faire une dernière remarque :

Autant que nous pouvons en juger, un des traits
dominants de la politique anglaise a été de tout temps
et encore maintenant, un sentiment de jalousie et
de défiance vis-à-vis de la France.

C'est l'Angleterre qui a été l'âme de toutes les
coalitions contre nous !

C'est elle que nous avons trouvée partout sur notre
chemin, sur quelque point de la terre où nous ayons
cherché à étendre notre influence !

C'est malgré elle et malgré son opposition que
nous avons pu coloniser l'Algérie !

C'est elle qui, sur un rocher perdu dans la mer, a
tenu captif jusqu'à la mort, le souverain le plus illustre qui ait jamais régné sur la France !

N'y a-t-il pas parmi les ministres anglais actuels
des hommes qui ont suscité mille embarras à la
France, parce que le fils du roi avait contracté un
mariage qui leur déplaisait ?

Eux aussi n'ont-ils pas menacé la France et hu-
milié son gouvernement, parce que nous ne vou-
lions pas payer une indemnité inique à un de leurs
apothicaires-missionnaires ?

C'est encore le cabinet anglais qui s'oppose au percement de l'isthme de Suez, qui serait un bienfait pour l'Europe entière, l'Angleterre comprise. Et pourquoi? — parce qu'elle craint que cette magnifique entreprise, dirigée par des Français, ne procurât trop d'avantages au commerce de notre pays.

Si nous construisons une frégate, l'Angleterre en construit immédiatement deux. Si nous fortifions un port, l'Angleterre couvre de batteries toutes ses côtes, et parle de transférer ses arsenaux à l'intérieur, pour les mettre à l'abri contre une attaque de la France.

Enfin, un orateur anglais célèbre, M. Bright, vient d'avouer en pleine tribune, tout en leur en faisant un reproche, que ses compatriotes ne dormaient plus que les armes à la main, de peur de l'apparition de quelques zouaves français.

Dans cet état de choses, est-il bien probable que les Anglais viennent nous conseiller et nous recommander l'établissement du libre-échange, dans le but de nous fournir les moyens d'augmenter par là, dans une forte proportion, notre commerce, notre industrie et avec eux notre force, notre prospérité, notre richesse et notre puissance?

Pouvons-nous prendre au sérieux lord Russell lorsqu'il dit :

« L'Empereur des Français a vu dans ce pays les
« immenses avantages du libre-échange[1], et il veut
« en faire jouir sa patrie. Il veut la France aussi
« puissante pendant la paix, qu'elle est forte pendant
« la guerre; il la veut riche, il veut l'extension et la
« prospérité de son commerce. Il veut lui assurer les
« bienfaits de la paix. »

Oui, sans aucun doute, l'Empereur veut tout cela!
mais nous sommes autorisé à penser que ce n'est pas
là précisément le but que les hommes d'État de l'Angleterre se proposent d'atteindre. Nous ne croyons
pas que ce soit leur désir ardent de voir la France
aussi puissante pendant la paix qu'elle est forte pendant la guerre. Nous ne pensons pas qu'ils négocient
des Traités de commerce, pour avoir, aux yeux de
leurs compatriotes, le mérite d'avoir contribué essentiellement à l'extension et à la prospérité de notre
commerce et de notre industrie. Nous sommes plutôt en droit de soupçonner que, si l'Angleterre in-
siste tant à nous faire entrer dans la voie du libre-
échange, c'est plutôt parce qu'elle y voit le moyen
de diminuer par là notre commerce et notre industrie, de nous appauvrir, de nous affaiblir et de
nous mettre hors d'état d'avoir une marine puissante
et rivale de la sienne[2].

---

[1] L'Angleterre ne joue au libre-échange que depuis quinze ans.

[2] En écrivant ces lignes nous ne pensions pas que les événements

Cette appréciation est peut-être trop sévère, nous le voudrions bien ; car loin d'éprouver des sentiments d'hostilité à l'égard de l'Angleterre, nous lui souhaitons, au contraire, et très-sincèrement, tout le bonheur et toute la prospérité possibles, mais à condition que ces vœux ne s'accomplissent pas à nos dépens. Voilà pourquoi nous recommandons à notre gouvernement, de veiller attentivement à ce qu'on ne l'entraîne trop loin dans une voie qui nous semble hérissée d'obstacles, de précipices et de dangers. Soyez heureux chez vous, dirons-nous aux Anglais, et laissez-nous l'être chez nous. Ne cherchez pas à vous enrichir à nos dépens : on finirait par le reconnaître, et vous pourriez en éprouver des regrets. Oui, vous prêchez le libre-échange, parce que vous êtes certains de votre supériorité commerciale et industrielle; vous l'avez mis en pratique depuis quinze ans sur une échelle assez étendue pour voir que vous n'avez plus à craindre de rival, et les concessions que vous nous faites ont, d'après vous mêmes, fort peu d'im-

---

viendraient si vite justifier nos soupçons; nous n'avons qu'à rappeler que, le 26 mars au sujet de l'annexion de la Savoie, le même lord John Russell, aux grands applaudissements du Parlement, a déclaré formellement que l'Angleterre s'opposerait énergiquement à toute augmentation de puissance de la France.

Le ministre anglais, en annonçant qu'il allait se rapprocher des autres nations pour être prêt à agir avec elles, nous menace en termes assez transparents et fort peu voilés par les précautions oratoires, d'une nouvelle coalition européenne.

portance; tandis que de notre côté, toute réforme douanière qui implique un abandon du système protecteur actuel, est une concession d'une immense valeur.

En effet, il ne faut pas perdre de vue que l'Angleterre ne trouve des avantages au système libre-échangiste qu'à la condition, que la grande majorité des autres nations adopte le même système.

Si les autres peuples, ayant conscience de leurs véritables intérêts, avaient tous résolument établi et maintenu le système protecteur, laissant l'Angleterre seule suivre la pratique du libre-échange, nous sommes tout à fait convaincu qu'au bout d'une série d'années cet état de choses serait devenu tellement funeste aux Anglais, que leur prospérité et leur puissance auraient pu en être sérieusement affectées.

Mais maintenant que la France est entrée elle-même dans la voie de la liberté commerciale, l'Angleterre n'a plus rien à craindre; elle n'éprouvera plus de grande difficulté à faire adopter le même système aux nations qui, jusqu'ici, ont encore résisté à l'admettre. Et, maîtresse souveraine dans le domaine de l'industrie et du commerce, elle n'aura plus à redouter que les États-Unis d'Amérique, et cela seulement dans un avenir encore très-éloigné.

Nous émettons le vœu le plus sincère, que nous

ayons pu nous tromper dans nos craintes et appréhensions sur les résultats du Traité de commerce entre la France et l'Angleterre, et nous désirons, aussi vivement qu'il est possible de le désirer, que l'avenir nous donne complétement tort.

Mais si, malheureusement, les conséquences de ce Traité devaient se montrer funestes et désastreuses pour l'industrie française, si elles devaient rendre l'Angleterre, à notre détriment, plus forte, plus puissante, plus riche et plus prospère qu'elle ne l'a jamais été auparavant, il nous faudrait nous consoler avec cette pensée :

Que c'est du moins la nation la plus libre, la plus indépendante et la plus éclairée ; que c'est le peuple qui sait le mieux allier le respect des lois et des institutions à l'exercice le plus complet des libertés politiques, civiles et religieuses, qui sera devenu le peuple prépondérant et, par suite, l'arbitre des destinées du monde.

IX.

Un dernier mot.

Un dernier mot pour terminer.

Le système protecteur établi en 1815 a été maintenu et respecté par tous les gouvernements qui se sont succédé depuis cette époque dans notre patrie, quelles qu'aient été leur nature, leur forme et leurs tendances. Il est donc juste et utile, au moment où ce système va subir une atteinte des plus profondes, que chaque Français sache ce que nous devons à la protection.

Pendant quarante-cinq années, sous l'influence de ce régime, la France a pu vivre en paix avec tous les autres pays, et a atteint un degré de puissance, de richesse et de prospérité, qui la placent au premier rang parmi toutes les nations.

Personne ne peut contester que, sous le rapport de l'organisation civile, financière et militaire, il n'y a pas un peuple sur la terre comparable au peuple français.

Nous sommes la nation la plus homogène, la plus compacte, celle dont toutes les parties sont reliées et unies de la manière la plus intime et la plus solidaire.

Il n'existe pas de gouvernement qui, comme le

gouvernement français, tienne dans sa main et puisse mettre en action à un moment donné, avec autant d'ensemble, d'énergie et de promptitude toutes les forces vives de son peuple.

Il n'y a pas de pays où l'esprit national soit plus développé et où il soit plus facile de l'exciter et de le stimuler pour la réalisation des plus grandes entreprises.

Notre organisation financière fait l'admiration de tous ceux qui en ont étudié le mécanisme et qui l'ont vue fonctionner. Nulle part le crédit public et privé ne repose sur des bases aussi sûres et aussi solides ; nulle part et à aucune époque il n'a accompli des prodiges pareils à ceux qui ont constitué nos derniers emprunts nationaux.

Quant à notre organisation militaire, elle a victorieusement prouvé sa force et sa supériorité dans les glorieuses campagnes de Crimée et d'Italie.

Eh bien, nous ne craignons pas de le dire, cette magnifique situation de la France est principalement due à son grand développement industriel provoqué par la protection douanière.

Ce sont les douanes, qui, semblables à une enceinte protectrice dont on entoure sa propriété, ont permis à la France de rester maîtresse chez elle, et l'ont mise à l'abri de l'introduction de produits manufacturés étrangers pouvant bouleverser son système économique.

Ainsi sauvegardée contre les influences perturbatrices extérieures, la France a été libre d'établir son système de finances, son système d'impôts, son administration, son organisation industrielle, commerciale et agricole, conformément aux besoins et aux intérêts des populations et à l'intelligence de son gouvernement.

Indépendante des nations étrangères, elle a pu à son gré expérimenter et modifier ses institutions; toute faute commise pouvait être réparée, toute erreur reconnue se laissait corriger, et finalement elle a pu s'arrêter à ce qu'elle avait reconnu comme le plus utile et le plus avantageux.

C'est ainsi que nous sommes parvenus à équilibrer et harmoniser la production agricole et industrielle avec la consommation générale de la France. Par suite de cette bonne organisation économique, l'agriculture, l'industrie et le commerce ont pu se développer avec sécurité et confiance, en s'appuyant et se fortifiant mutuellement.

La régularité et la stabilité des gains individuels a amené la régularité dans la perception des impôts. Les revenus de l'État, et avec eux son crédit, ont augmenté en proportion du développement de la prospérité générale; le gouvernement pouvant compter avec certitude sur ses recettes a pu régulariser exactement ses dépenses et a pu réaliser ainsi cette magnifique et forte situation de notre patrie que nous avons indiquée en quelques mots.

Sans douanes protectrices, cela eût été impossible; il n'y aurait eu que des incertitudes et des fluctuations continuelles, rien de stable et de régulier, des alternatives de hausse et de baisse, des crises commerciales et industrielles plus ou moins désastreuses et contre lesquelles le gouvernement, malgré son zèle et sa sollicitude aurait été impuissant de se précautionner.

Sans douanes, un peuple même bien gouverné, peut être ruiné par suite de causes extérieures; avec des douanes, un peuple même mal administré reste toujours l'arbitre de sa destinée, parce qu'il peut redresser les erreurs de son gouvernement, réparer ses fautes et finir par rentrer dans la voie du progrès et de la prospérité.

Nous attachons tant de prix à la situation si belle, si prospère et si riche d'avenir que présente actuellement notre patrie, que c'est pour nous une conviction intime que si la France pouvait acquérir, non-seulement la frontière du Rhin, mais encore la plus grande partie de l'Allemagne, à la condition de changer l'admirable système qui a produit sa force et sa grandeur, elle ne devrait pas le faire, parce qu'elle y perdrait.

La plus efficace propagande que nous puissions

faire auprès des peuples voisins, c'est la vue de notre bien-être, de notre puissance et de notre prospérité. Et si à notre admirable organisation et aux avantages que nous venons d'énumérer, le gouvernement pouvait ajouter plus de libertés et de garanties politiques, d'autres nations adopteraient peut-être nos lois et notre organisation sociale et deviendraient ainsi nos plus fidèles alliés.

Il se pourrait même que des peuples voisins, voyant la liberté, la prospérité et le bonheur règner en France, fussent tentés de se joindre à nous pour partager notre sort et s'incorporer dans la grande nation. Ceci aurait d'autant plus facilement lieu, qu'on reconnaîtrait bientôt qu'il y a toujours avantage pour un petit État à se joindre à un grand si celui-ci présente les conditions que nous venons d'indiquer et se trouve ainsi en état de mieux le protéger et de contribuer essentiellement à donner plus de valeur à tous ses moyens de production.

Cherchons donc à conserver toutes nos industries nationales; protégeons-les tant qu'elles ont besoin de protection; un temps viendra, et il n'est peut-être pas trop éloigné, où elles seront assez fortes pour résister à toute concurrence étrangère.

Rien ne s'opposera alors à l'avénement du libre-échange, le plus complet et le plus radical possible, qui sans aucun doute sera un jour la loi internationale des peuples.

Mais gardons-nous de vouloir brusquer les choses; cela ne serait ni sage, ni prudent; et au lieu de hâter le progrès on pourrait bien l'entraver et même le faire rétrograder.

Il en est de la liberté commerciale comme de la liberté politique. Quand un peuple n'est pas encore assez mûr pour la liberté entière, qui est cependant une excellente chose, ce n'est pas lui rendre service que de la lui donner: elle ne produit dans ce cas que des bouleversements, des désastres et elle dégénère en anarchie.

C'est ce qui est arrivé en 1848; pour sauver la France il a fallu restreindre la liberté et relever l'autorité.

Eh bien, l'autorité est à la liberté politique ce que la protection est à la liberté commerciale.

Si la France, comme nous en avons la conviction, n'est pas encore assez mûre pour la liberté des échanges, ne lui en donnons que ce qu'elle peut supporter, maintenons une protection suffisante pour sauvegarder et conserver nos grandes, nombreuses et belles industries; car nous le répétons:

C'est la grande industrie qui fait la grande nation!

NOTES.

1° Extrait de l'Histoire des réfugiés de M. Weiss.
(Tome Ier, page 321.)

Les services rendus par les militaires réfugiés qui combattirent dans les armées de Guillaume III furent brillants, mais passagers. Ils contribuèrent puissamment à consolider sur le trône la dynastie issue de la révolution de 1688, et l'aidèrent à conquérir l'Irlande rebelle. La guerre terminée, leur influence cessa ou prit un caractère nouveau. Celle qu'exercèrent les manufacturiers et les commerçants réfugiés fut plus durable. Ils communiquèrent au commerce et à l'industrie des Anglais une impulsion immense, dont les effets sont encore sensibles aujourd'hui.

Il paraît certain que la révocation de l'édit de Nantes répandit dans les trois royaumes environ 70,000 manufacturiers et onvriers, dont la plupart étaient originaires de la Normandie, de la Picardie, des provinces maritimes de l'Ouest, du Lyonnais et de la Touraine. Un grand nombre se fixèrent à Londres, dans les quartiers de Soho et de Saint-Gilles, qui formaient alors des faubourgs, et dans le quartier désert de Spitalfields, qu'ils peuplèrent presque entièrement, et que leurs descendants habitent encore.

Les Anglais leur durent l'introduction de plusieurs industries nouvelles qui contribuèrent bientôt à la richesse publique, et le perfectionnement de beaucoup d'autres qui étaient restées dans l'enfance. Avant cette époque ils ne fabriquaient guère qu'un papier bis très-commun, et ils importaient du continent, et surtout de la France, les qualités supérieures de verre, de chapellerie, et une foule d'autres articles de consommation courante. Ce furent les réfugiés qui leur apprirent à fabriquer ces mêmes qualités supérieures, et qui leur enseignèrent, en outre, à produire la soie, les brocarts, les satins, les velours, les tissus légers de laine et de lin, les horloges et les montres, les cristaux, la coutellerie, la quincaillerie, les serrures françaises, les instruments de chirurgie. Le bill des droits qui consacra en 1689 les libertés du peuple et garantit la propriété individuelle, ajouta encore à l'heureuse influence exercée par le refuge, en donnant le signal d'un immense développement des manufactures de l'Angleterre, de son commerce et de sa navigation.

De toutes les industries dont les réfugiés dotèrent ce royaume, nulle ne prit un plus magnifique essor que celle des soieries. Des ouvriers habiles de Tours et de Lyon l'établirent d'abord dans le quartier de Blackfriars, à Cantorbéry. En 1694, leur nombre s'était tellement accru, qu'ils y possédaient jusqu'à 1,000 métiers qui procuraient du travail à 2,700 personnes; mais la plupart finirent par se fixer à Londres, dans le quartier de Spitalfields. De là ils propagèrent leur industrie à Dublin, où elle prit un développement inattendu. L'Angleterre et l'Irlande offrirent alors l'exemple à jamais mémorable d'une industrie empruntée à l'étranger, exploitant des matières tirées du dehors, et qui n'en parvint pas moins à égaler, et quelquefois à surpasser, les produits des contrées où elle était cultivée depuis longtemps.

Les ouvriers français apportèrent aux Anglais des modèles de métiers semblables à ceux de Tours et de Lyon. Ils leur enseignèrent des moyens perfectionnés de tissage. Ils leur apprirent à fabriquer des brocarts, des satins, des soies très-fortes, connues dans le commerce sous le nom de *soies de Pa-, doue,* des soies moirées, des velours noirs, des velours de fantaisie, des étoffes mélangées de soie et de coton. Les soies brochées qui sortaient des manufactures de Londres, à la fin du dix-septième siècle, étaient dues presque exclusivement à l'industrie de trois réfugiés, Lauson, Mariscot et Monceaux. L'artiste qui fournissait les dessins était également un réfugié nommé Beaudoin. Un simple ouvrier, du nom de Mongeorge, leur apporta le secret récemment découvert à Lyon de lustrer les taffetas. L'ambassadeur de France, Barrillon, lui fit, suivant les ordres exprès de Louis XIV, transmis par Louvois, des offres brillantes pour l'engager à retourner dans sa patrie. Il était trop tard. Ce secret, qu'un heureux hasard avait fait trouver à Octavio Maï, qui avait relevé la fortune compromise de ce manufacturier, et qui était devenu depuis une source de richesses pour toute la fabrique de Lyon, était divulgué désormais.

Jusqu'alors les Anglais avaient acheté tous les ans pour environ 200,000 livres de taffetas noirs lustrés, que l'on fabriquait spécialement pour eux, et que l'on désignait sous le nom de *taffetas d'Angleterre.* Souvent, en une seule fois, ils en avaient exporté jusqu'à 150 caisses de 4 à 500 livres chacune. Après la révocation, le gouvernement britannique tripla les droits d'entrée perçus jusqu'alors sur cet article. Bientôt il en coûta 53 0/0 aux négociants français pour introduire les taffetas en Angleterre. En 1698, ils étaient entièrement prohibés. L'intendant d'Herbigny signala avec douleur à Louis XIV le dépérissement progressif de cette branche importante de l'industrie lyonnaise. «Depuis quelques années, écrivit-il en

1698, des Français réfugiés ayant établi en Angleterre une manufacture de taffetas, le Parlement a défendu ceux du dehors.
Cette fabrique n'a pas fait grand progrès, et on ne croit pas
qu'elle puisse parvenir au point de perfection qu'elle a en
France. Cependant il est à craindre que, par succession de
temps, les Anglais ne s'accomodent des taffetas fabriqués chez
eux, ou que quelque autre mode prenant la place de celle des
taffetas, ils ne s'accoutument à se passer des nôtres. Ce serait
une grande perte pour Lyon. »

Les prévisions de d'Herbigny ne se réalisèrent que trop tôt.
Dès la fin du dix-septième siècle, la fabrique anglaise fournit
à la consommation intérieure, et même à celle des autres pays,
non-seulement des taffetas, mais encore tous les autres articles
de soieries que la France avait livrés auparavant. L'invention
du métier à bas permit aux manufacturiers anglais d'exporter
jusqu'en Italie, et à des prix avantageux, des quantités de bas
de soie. Le voyageur Keysler, qui parcourut l'Europe en 1730,
assure que, dans le royaume de Naples, lorsqu'un marchand
voulait recommander ses soieries, il soutenait qu'elles étaient
de fabrique anglaise. Pendant tout le dix-huitième siècle et
pendant la première moitié du dix-neuvième, l'Angleterre vit
augmenter d'année en année les profits qu'elle tirait de cette
industrie, dont la révocation de l'édit de Nantes l'avait dotée.
En 1800, l'importation des soies écrues qu'elle tirait de l'étranger était d'environ 1 million de livres pesant. Aujourd'hui elle
dépasse 5,500,000 livres. En 1820, la valeur déclarée des
soieries exportées en Allemagne, en Belgique, en Hollande,
aux États-Unis et même en France, s'est élevée à 371,000 livres
sterling ; en 1847, à 978,000. En 1849, la seule exportation
en France des articles de soie de production anglaise, qui ne
sont pas frappés d'un droit prohibitif, a été de 4 millions de
francs.

Au moment où nous écrivons ces lignes, les fabricants de soieries de Manchester, par une noble susceptibilité et une généreuse confiance en leurs forces, demandent au gouvernement britannique l'entière suppression des droits que paient encore les soies françaises importées en Angleterre.

Les Anglais apprécièrent si bien cette conquête pacifique que, depuis cent cinquante ans, ils ne reculent devant aucun sacrifice pour la conserver et la rendre féconde. De même qu'au quatorzième siècle ils accordaient des droits et des priviléges aux ouvriers flamands pour les décider à transporter dans leur île l'industrie des draps qui faisait la richesse de Gand, de Bruges, d'Ypres, de même, au dix-huitième, ils ne cessèrent d'attirer, par l'appât de riches salaires, les ouvriers les plus habiles de Lyon pour entretenir et propager dans leurs manufactures ces traditions de bon goût que les réfugiés y avaient apportées. Le mouvement d'émigration commencé en 1685 continua sous Louis XV, sous Louis XVI, et surtout pendant le long chômage des ateliers de Lyon en 1793 et 1794. Il ne fallut rien moins que les efforts persévérants du premier consul pour rappeler en France un certain nombre de ces émigrés de la terreur. Par ses ordres exprès, le ministre des affaires étrangères écrivit à tous les ambassadeurs de la république, et particulièrement à l'ambassadeur à Londres, de diriger tous ses soins vers le retour des ouvriers des fabriques de Lyon. De nos jours même, lorsque la révolution de février eut arrêté l'essor du travail dans cette ville industrieuse, les agents des manufacturiers anglais redoublèrent d'efforts pour attirer chez eux nos meilleurs ouvriers, et ils leur offrirent de tels avantages qu'un grand nombre se laissèrent tenter, et allèrent raviver à Londres les établissements fondés par leurs prédécesseurs protestants.

On a vu quelle fut l'étendue de la perte éprouvée par la fabrique de Lyon à la fin du dix-septième siècle. Avant la révocation, l'intelligence de ses manufacturiers et l'aptitude spéciale de ses ouvriers avaient placé cette ville au premier rang pour la production des satins, des taffetas, des velours, des damas. Les métiers d'Italie, vaincus par cette concurrence redoutable, avaient disparu peu à peu, et la France semblait appelée à garder le monopole de cette belle industrie, lorsque la persécution religieuse força plus de la moitié des tisseurs à s'expatrier. Rappelons seulement qu'en 1698 le nombre des métiers de Lyon était descendu de 13,000 à 4,000, que les 8,000 métiers de Tours étaient réduits à 1,200, ses 700 moulins à 70, ses 40,000 ouvriers à 4,000, ses 3,000 métiers à rubans à moins de 60, et qu'au lieu de 2,400 balles de soieries on n'en consommait plus que 7 à 800 dans la capitale de la Tourraine. Toutefois, Tours conserva longtemps la renommée de ses petites étoffes et sa supériorité dans l'art de nuancer les couleurs, et Lyon garde encore le premier rang par ses dessins exquis, son goût perfectionné, et par cet incomparable génie d'invention que les Anglais n'égaleront jamais.

Avant la révocation, les Anglais achetaient en Normandie et en Bretagne une grande partie des toiles à voiles dont ils faisaient usage. En 1669 ce seul article leur coûta 171,000 livres sterling. C'était également dans ces deux provinces qu'ils se procuraient les toiles blanches qu'ils revendaient aux Indes occidentales. Ils en prenaient tous les ans à Morlaix pour 4,500,000 livres. En 1681 la compagnie des anciens et des diacres de l'Église française de Threadneedle-street fournit des fonds pour l'établissement d'une manufacture de toiles blanches à Ypswich, où Charles II avait permis à un grand nombre de réfugiés de fonder une colonie. Un protestant de Paris, nommé Bonhomme, un des plus habiles fabricants de toiles de lin de cette ville, propagea cette industrie en Angleterre, et apprit en même temps aux Anglais à fabriquer des toiles à voiles. En 1685 de nouveaux réfugiés ajoutèrent une manufacture de toiles à voiles à celle de voiles blanches établie à Ypswich depuis quatre ans. D'autres manufactures de toiles furent fondées successivement dans diverses villes d'Angleterre, et il en résulta une grande diminution du débit de celles fabriquées en Bretagne et en Normandie. Les marchands de Saint-Malo se plaignaient à Bonrepaus de la diminution de celles de Bretagne, qui allait, suivant eux, à plus de 2 millions en 1686. Douze ans après, le commerce des toiles blanches avait diminué des deux tiers à Morlaix, à Brest, à Landernau. Celui des toiles royales avait presque entièrement cessé. Non-seulement les ouvriers protestants, mais même une foule de catholiques avaient passé le détroit à la suite de leurs maîtres. Il en sortit, comme nous l'avons dit plus haut, au moins 4,000 des seules villes de Rennes, de Nantes et de Vitré. En restant en France, ils se seraient vus réduits à' renoncer à leur industrie et à labourer la terre comme faisaient beaucoup de leurs anciens compagnons de travail. Les belles manufactures de toiles de Coutances avaient entièrement disparu. Tous les manufacturiers, tous les ouvriers, avaient successivement émigré à Guernesey, et de là en Angleterre. Sur 20,000 ouvriers qui fabriquaient des toiles fines à Laval, plus de 14,000 étaient sortis du royaume.

Le ministre Seignelay s'émut de la décadence de cette branche naguère si florissante de l'industrie française. Par ses ordres, Bonrepaus offrit 10 pistoles à chacun des ouvriers d'Ypswich qui retourneraient en France. Pour réussir plus sûrement, il se fit passer à leurs yeux pour l'associé d'un riche manufacturier français qui voulait leur assurer un travail plus lucratif dans leur patrie. A force de ruses et de mensonges, il parvint en effet à ruiner d'abord la manufacture de toiles d'Ypswich, puis celle de toiles blanches. Il dépensa pour ce bel exploit environ 500 écus. Plusieurs autres fabriques furent pareillement ruinées par ses soins malfaisants, et, s'exagérant l'importance de l'œuvre de destruction qu'il venait accomplir : « Je ne crois pas, écrivit-il à Seignelay au moment de son départ, qu'à l'égard de l'Angleterre, le commerce de France reçoive aucun préjudice de la désertion. » Mais l'influence de Bonrepaus ne se prolongea pas au delà du règne de Jacques II, et après la révolution de 1688 de nouvelles manufactures de toiles à voiles et de toiles blanches furent établies par les réfugiés en Angleterre et en Irlande, où Guillaume favorisa de tout son pouvoir l'introduction de cette industrie. Elle ne cessa depuis de se développer dans ces deux pays. En 1850, il ne sortit des ports d'Angleterre et d'Irlande pas moins de 122,397,457 yards de toiles, c'est-à-dire environ 113 millions de mètres, comme le prouvent les registres du bureau de commerce.

Les toiles peintes furent fabriquées pour la première fois en Angleterre, en 1690, par un réfugié qui créa une manufacture sur le bord de la Tamise, non loin de Richmond. Une seconde manufacture bien plus considérable fut établie à Bromley-Hall, dans le comté d'Essex, et transportée en 1768 dans le Lancashire. D'autres fabriques de toiles peintes furent fondées au commencement du dix-huitième siècle dans le voisinage de Londres. Elles constituèrent une nouvelle perte pour la France, une nouvelle source de richesse pour l'Angleterre.

Les réfugiés introduisirent dans ce royaume les premières manufactures de toiles fines nommées aussi batistes de Cambrai, parce qu'elles étaient originairement fabriquées dans cette ville. Avant la révocation, l'Angleterre en achetait tous les ans pour environ 200,000 livres sterling. Aussi reçut-elle avec empressement les ouvriers de Cambrai et de Tournai qui lui apportèrent cette belle industrie. Beaucoup d'entre eux se fixèrent, dans la suite, en Écosse, où la ville d'Édimbourg leur alloua, en 1730, cinq acres de terrain pour y établir une grande manufacture pour le tissage des batistes. Le quartier qu'ils habitèrent porta depuis le nom de quartier de Picardie.

Dès le règne d'Élisabeth, de nombreux ouvriers protestants originaires de la Flandre, du Brabant et de la France, s'étaient établis à Londres, à Sandwich, et répandus de là dans toutes les villes maritimes du royaume, où ils fabriquèrent des serges, de la flanelle, et surtout des toiles de laine. Cette dernière industrie fut singulièrement augmentée et perfectionnée par les réfugiés. En 1703, les membres de la chambre des lords, en conférence avec celle des communes, alléguèrent, pour justifier les secours accordés aux proscrits français, qu'ils avaient établi un grand nombre de manufactures utiles, et perfectionné les anciennes au point que, dans les dernières années, l'exportation des laines avait dépassé de plus d'un million de livres sterling l'exportation de ce même article sous le règne de Charles II.

La première manufacture de tapisseries à l'instar de celles des Gobelins fut établie en Angleterre par un ancien moine capucin que son supérieur avait envoyé dans ce pays en qualité de missionnaire. Découragé peut-être par le mauvais succès de ses tentatives de conversion, il se fit protestant, et fonda sous le nom de Parisot une manufacture de tapisseries à Fulham. La noblesse anglaise l'aida dans cette entreprise en lui prêtant une somme de 10,000 livres sterling. Ce premier essai ne fut pas heureux. La manufacture fut vendue ; mais un réfugié nommé Passavan l'acheta à bas prix, la transporta à Exeter et la fit prospérer avec le secours de quelques ouvriers des Gobelins séduits par les promesses de son prédécesseur.

Bonrepaus écrivit de Londres en 1686 : « Les autres fabriques qui s'établissent en ce pays sont les chapeaux de Caudebec et la manière d'apprêter les peaux de chamois. » La fabrication des chapeaux fut en effet une des plus belles industries dont les réfugiés dotèrent l'Angleterre. En France, elle avait été presque entièrement entre les mains des réformés. Eux seuls possédaient le secret de l'eau de composition qui sert à la préparation des peaux de lapin, de lièvre et de castor, et eux seuls livraient au commerce les chapeaux fins de Caudebec si recherchés en Angleterre et en Hollande. Après la révocation, la plupart se retirèrent à Londres, emportant avec eux le secret de leur art, qui resta perdu pour la France pendant plus de quarante ans. Ce ne fut qu'au milieu du dix-huitième siècle qu'un chapelier français, nommé Mathieu, après avoir longtemps travaillé à Londres, y déroba le secret emporté par les réfugiés, le rapporta dans sa patrie, le communiqua généreusement aux chapeliers de Paris, et fonda une grande manufacture dans le faubourg Saint-Antoine. Avant cet heureux larcin, la noblesse française et tous ceux qui se piquaient d'élégance ne portaient que des chapeaux de fabrique anglaise, et les cardinaux de Rome eux-mêmes faisaient venir leurs chapeaux de la célèbre manufacture de Wandsworth, établie par les réfugiés. En Angleterre, les chapeaux de feutre fabriqués par les Français, et connus sous le nom de *carolins*, étaient devenus à la mode au point d'exciter la jalousie des fabricants anglais, qui se plaignaient vivement de cette préférence accordée à des chapeaux incommodes, suivant eux, et inférieurs aux leurs en qualité et en durée.

Le seul papier que l'on fabriquait en Angleterre, avant la révocation, sortait des manufactures du comté de Kent, et surtout de la grande manufacture de Dartford. C'était un papier bis ou brun singulièrement grossier. Les premières fabriques de papier blanc et fin furent fondées à Londres en 1685 et 1686 par des ouvriers français originaires de Casteljaloux, de Thiers, d'Ambert, et surtout d'Angoulême, qui perdit les trois quarts de ses moulins à papier. Barrillon parvint à détruire les manufactures qu'ils fondèrent dans leur nouvelle patrie par les mêmes moyens qu'avait employés Bonrepaus. Il distribua aux ouvriers d'une seule fabrique jusqu'à 2,300 livres pour les déterminer à retourner en France. Six mois après, il informa Louis XIV qu'il venait de dépenser 1,150 livres pour faire repasser le détroit aux cinq derniers ouvriers français en papier qui restaient en Angleterre. Mais, sous le règne de Guillaume III, les protestants rétablirent les fabriques détruites, et l'Angleterre resta définitivement en possession de cette branche d'industrie.

Selon Macpherson, les importations de France en Angleterre diminuèrent, dans l'intervalle de 1683 à 1733, pour les soies de toutes sortes de 600,000 livres sterling; pour les toiles de lin, les toiles à voiles et les canevas de 500,000; pour les chapeaux de castor, les verreries, les montres et les horloges de 220,000; pour les diverses sortes de papiers de 90,000; pour la quincaillerie de 40,000; pour les rats de Châlons et les étoffes de Picardie et de Champagne de 150,000; pour les vins de France auxquels on substitua généralement ceux du Portugal de 200,000; pour les eaux-de-vie de France de 80,000. Ainsi, les industries portées en Angleterre par les réfugiés et l'immense développement que prirent les manufactures anglaises privèrent la France d'un bénéfice annuel de 1,880,000 livres sterling.

Ajoutons enfin que les réfugiés enseignèrent aux Anglais la culture des fleurs exotiques tant perfectionnée depuis en Angleterre, en Écosse, en Irlande surtout, où elle fut introduite par des Français de la colonie de Spitalfields. Ce furent eux qui fondèrent à Dublin, sous le règne de George Ier, le célèbre club des fleurs qui subsiste encore aujourd'hui.

Le commerce anglais profita de l'impulsion communiquée à l'industrie nationale par les réfugiés. Les étrangers achetèrent plus volontiers les articles de provenance anglaise, depuis qu'ils portaient ce cachet de bon goût particulier à la nation française, et que les Anglais livrés à eux-mêmes n'ont jamais atteint. Le commerce extérieur de la France en reçut une funeste atteinte dont il ne s'est pas encore relevé. En Angleterre même, la vogue s'attacha tellement aux produits de l'industrie des réfugiés, que les fabricants indigènes en témoignèrent plus d'une fois leur dépit. Les étoffes françaises en particulier étaient si recherchées à la fin du dix-septième siècle, qu'un manufacturier anglais, nommé Thomas Smith, établi dans le quartier de Spitalfields, en ayant fait fabriquer par ses ouvriers d'absolument semblables, les offrit vainement en vente sur le marché de Covent-Garden. Pour en assurer le débit, il fut obligé de se servir de l'intermédiaire d'un fabricant réfugié qui les plaça facilement comme siennes. Il en était de même d'une foule d'autres articles; ils ne passaient que sous des noms français. Un réfugié ouvrit successivement à London-Hall-Street quatre magasins pour la vente d'habits confectionnés, d'étoffes, de soieries et d'autres articles de fabrique française. Il fit une fortune immense. D'autres suivirent son exemple à Smock-Alley, à Bishopsgate, et réussirent comme lui. Les négociants anglais s'indignaient du tort que ces étrangers faisaient, suivant eux, à l'industrie nationale. Ils calculèrent, au commencement du dix-huitième siècle, que,

si le nombre des négociants et des manufacturiers français
continuait à augmenter dans la même proportion que pendant
les vingt années qui suivirent la révocation, plus de la moitié
du commerce et de l'industrie de l'Angleterre se trouverait,
avant dix ans, entre leurs mains. Ces prévisions exagérées ne
devaient pas se réaliser, et si quelques classes de la population
indigène souffrirent momentanément de cet engouement général, la nation tout entière ne tarda pas à en tirer un immense
profit.

***

2° Extrait de l'Histoire des réfugiés, de M. Weiss.
(Tome II, page 164.)

Sous le rapport de l'industrie, l'influence exercée par
les réfugiés fut moins durable que ne l'avaient fait espérer
leurs brillants débuts. Les manufactures de soie, de toiles, de
chapeaux, de papiers, qu'ils avaient créées, commencèrent à
languir dès la première moitié du dix-huitième siècle et dispa-
rurent peu à peu du sol de la République. Celles, au contraire,
qu'ils n'avaient pas établies les premiers, mais qu'ils avaient
simplement perfectionnées, telles que les laines et les draps
de Leyde, les tanneries, les raffineries de sucre, ont pu soutenir la concurrence de l'étranger, et conservent encore de
nos jours les traces des améliorations qu'elles reçurent à
cette époque. Les fabriques nouvelles ne pouvaient se maintenir qu'à la condition d'être protégées par des tarifs élevés ; car la cherté croissante de la main-d'œuvre devait nécessairement contraindre les fabricants à vendre à la longue leurs
produits à des prix supérieurs à ceux de France et d'Allemagne
Mais la nature du commerce hollandais s'opposait impérieuse-

ment à tout essai du système prohibitif. Le gouvernement ne
pouvait adopter les mêmes règlements qui protégeaient en
France les industries naissantes. Il ne pouvait, à l'exemple du
Parlement d'Angleterre, défendre l'introduction des taffetas
français, ni frapper de droits exorbitants celle des autres soi-
ries qui provenaient de ce royaume. L'abondance du numéraire
dont le commerce de banque et celui des Indes avait surchargé
la circulation intérieure, et les impôts sur les choses les plus
nécessaires à la vie, ne lui permettaient pas de désirer la conservation d'autres manufactures que de celles qu'exigeait l'en-
tretien de la marine ou qui étaient soutenues par la consommation du peuple néerlandais. Aussi, tout en appelant les
manufacturiers français, et en leur accordant d'abord quelques
priviléges, ne manqua-t-il pas de les leur retirer au bout de
peu d'années, pour ne pas faire tort aux nationaux. Une seule
exception fut admise en faveur des chapeliers. Encore ne fut-
elle pas longtemps suffisante. Quant à la libre importation des
soies écrues, du chanvre, des toiles de Cambrai que l'on
blanchissait à Harlem, des laines et généralement de toutes les
matières premières qui servaient à la fabrication des draps,
elle avait été accordée bien longtemps avant l'époque du refuge, et les manufactures établies par les exilés de France n'en
reçurent aucun encouragement spécial. Ainsi abandonnées à
elles-mêmes, elles ne pouvaient manquer de dépérir peu à
peu. La fabrication même des soieries ne fut véritablement florissante que jusqu'à la fin de la guerre pour la succession
d'Espagne. La paix rétablie, les soies de France, moins coûteuses et façonnées avec plus d'élégance, reprirent bientôt leur
ancienne supériorité sur les marchés de la Hollande. Les beaux
velours d'Utrecht finirent par être fabriqués à Amiens. Tandis
que la France faisait aux sept provinces une guerre de tarifs
qui nuisait à leur industrie, les commerçants hollandais per-

sistèrent à exiger le maintien du libre-échange, et s'opposèrent énergiquement au système de représailles que réclamait l'intérêt des manufactures nouvelles. Ils achetaient indifféremment les produits étrangers, quelle que fût leur origine, pourvu qu'ils pussent réaliser un bénéfice en les revendant avec avantage. Aussi la Hollande cessa-t-elle presque dans la seconde moitié du dix-huitième siècle d'être un pays de fabrique. Les manufactures de Leyde elles-mêmes sont aujourd'hui presque tombées, et cette ville, jadis si industrieuse, n'en possède plus guère que deux qui aient conservé une certaine importance, l'une de laines, dirigée par Paul Durieu, l'autre d'étoffes composées de poils de chèvre et connues sous le nom de *polémites*, dont les Hollandais font un grand trafic dans les ports récemment ouverts de l'empire chinois.

Extrait d'un article de M. Saint-Marc Girardin.
(Journal des Débats du 8 mai 1860.)

L'art. 1er du Traité de commerce du 23 janvier 1860 porte :

« Le gouvernement français s'oblige à admettre les objets d'origine et de manufacture britanniques moyennant un droit qui ne devra, dans aucun cas, dépasser 30 % de la valeur et plus tard 25 %. »

Voilà l'obligation contractée par le gouvernement français ; voilà le prix de l'alliance anglaise. Nous ne cherchons point en ce moment si ce prix est trop élevé ; si le droit de 30 % est une protection suffisante pour nos manufactures ; ce sont là des questions décidées souverainement ; nous sommes engagés avec l'Angleterre à ne pas élever au-dessus de 30 % le droit d'entrée de ses marchandises. Personne n'entend contester, chicaner ou diminuer cet engagement. Mais faut-il l'étendre? faut-il augmenter les avantages assurés à l'Angleterre? Voilà la question nouvelle.

L'art. 13 du Traité porte : « Les droits *ad valorem* établis dans la limite fixée par les articles précédents (art. 1er et art. 4) seront convertis en droits spécifiques par une convention supplémentaire qui devra intervenir avant le 1er juillet 1860. On prendra pour base de cette conversion les prix moyens pendant les six mois qui ont précédé la date du présent Traité.

Ici deux questions aussi importantes l'une que l'autre : une question qui touche à tous les intérêts de l'industrie française; une question qui touche à l'interprétation du Traité du 23 janvier 1860 et aux droits constitutionnels du Corps législatif.

De la première question nous ne dirons qu'un mot ; nous concevons que l'industrie s'inquiète de savoir si dans la conversion qui sera faite des droits *ad valorem* en droits spécifiques, elle gardera la garantie du droit de protection de 30 % qui lui est assurée par l'art. 1er du Traité. Selon les représentants de l'industrie française, le droit spécifique est indispensable, parce que le droit *ad valorem* est trop variable, parce qu'en Angleterre les crises commerciales étant très-fréquentes, le prix des marchandises baisse souvent tout à coup du tiers ou de la moitié. Faire payer les droits d'entrée *ad valorem*, c'est-à-dire sur le prix de la marchandise en Angleterre, ce sera par le fait abaisser le droit de protection d'une façon dommageable pour notre industrie. Il faut donc des droits spécifiques, c'est-à-dire fixes et indépendants des brusques vicissitudes du commerce anglais. Mais le droit spécifique devra toujours mettre la marchandise anglaise à 30 % au-dessus de son prix en Angleterre : c'est la prime de protection qui, d'après le Traité, doit défendre contre la concurrence de la marchandise anglaise les manufactures françaises. Selon des interprétations plus internationales, le droit spécifique peut être fixé au-dessous de 30 °/o, c'est-à-dire que le droit de protection peut être abaissé, mais qu'il ne peut pas être élevé : le maximum de 30 °/o protége l'Angleterre ; elle ne peut pas payer plus ; mais elle peut payer moins, si le droit spécifique est fixé au-dessous de 30 °/o.

S'il en est ainsi, tout le monde comprend qu'il est fort important de savoir comment se fera cette conversion. Qui en déterminera les bases? qui, dans le cercle du droit *ad valorem* de 30 °/o, fera les tarifs spécifiques? Sera-ce le gouvernement seul ? sera-ce le Corps législatif qui, d'après la Constitution, a droit de régler les tarifs de douanes, excepté quand ces tarifs sont compris dans des Traités de commerce? Ici commence la question de droit constitutionnel.

Le Traité de commerce du 23 janvier 1860 a été soumis au Parlement anglais; il n'a point été soumis au Corps législatif en France; il a été fait en vertu du droit que la Constitution de 1852 accorde à l'Empereur. Il n'y a donc pas lieu de discuter sur ce point. D'ailleurs je ne dois point oublier que le *Journal des Débats* disait le 12 février 1860 que « pour mettre fin au régime prohibitif, la voie d'un Traité de commerce qui était clairement indiquée par la Constitution de 1852 était bien préférable à la présentation et à la discussion d'un projet de loi qui pouvait ouvrir la porte à toute sorte d'incidents regrettables, et pour le moins entraîner des lenteurs indéfinies. » Je ne discute donc point, et je me hâte de remarquer que les pétitionnaires du Sénat ne traitent pas cette question aujourd'hui décidée et consommée.

Mais le Traité du 23 janvier 1860 a-t-il dépouillé le Corps législatif du droit qu'il a de voter les tarifs de douanes, quand ces tarifs ne sont pas contenus dans les Traités de commerce ?

Voilà la question constitutionnelle. Le Corps législatif ne pourra certes pas, par son vote, élever les droits de protection au-dessus de 30 %. Sa liberté est en cela enchaînée par l'art. 1er du Traité. Mais dans les limites de 30 %, qui fixera les droits spécifiques? Est-ce le gouvernement seul, par voie de conséquence du Traité du 23 janvier 1860? Est-ce le Corps législatif, seul tarificateur légal toutes les fois que l'Empereur n'a pas tarifé souverainement par un Traité de commerce? Or, l'Empereur a tarifé souverainement par le maximum de 30 %. Au-dessous de ce chiffre, s'il y a des tarifications à faire, elles doivent être faites constitutionnellement. Selon les pétitionnaires, le Corps législatif peut dire à l'Empereur : « Tout ce que vous n'avez pas fait par le Traité de commerce, la Constitution me donne le droit de le faire : c'est ce droit que nous revendiquons. »

Si le Corps législatif ne fait pas la tarification, où, comment et par qui se fera-t-elle? Personne ne peut nier l'importance de cette tarification, puisque c'est elle qui décidera d'une manière effective du plus ou moins de protection qu'aura l'industrie. Se fera-t-elle par le gouvernement français seul et sans l'intervention du Corps législatif? S'il en est ainsi, nous ne pouvons que nous en rapporter à la sagesse du gouvernement pour défendre, en faveur de l'industrie nationale, les tarifs protecteurs qui se rapprocheront le plus possible de la limite *maxima*. Mais à prendre les déclarations de M. le président du Conseil d'État, ce ne sera point, à défaut du Corps législatif, une commission toute française qui déterminera les bases de cette tarification ; ce sera une commission anglo-française. Ce qui amène cette réflexion presque inévitable des pétitionnaires : « Comment peut-on supposer que l'Angleterre soit admise à discuter avec nous la force relative de telle ou telle branche de nos manufactures et le degré de protection dont elle a besoin? »

Je ne veux faire, à mon tour, que deux très-courtes réflexions sur le caractère de cette commission anglo-française chargée de juger les intérêts de nos industries françaises. Personne n'a une plus haute idée que moi de l'esprit de justice et d'équité des Anglais. Ils ont le respect du droit. L'individu chez eux est admirable; il est libre, et il se sait responsable. Le gouvernement anglais, à force de patriotisme anglais, est peut-être moins équitable et moins impartial. Mais soit individus, soit gouvernement, c'est mettre les Anglais à trop forte épreuve que de leur demander de voter en faveur de l'industrie française. Le Traité de commerce leur a accordé un maximum. Leurs marchandises ne peuvent pas payer plus de 30 % ; nous allons maintenant leur demander ce qu'ils pensent de la proposition de leur faire payer moins. Il nous semble, qu'à moins d'être des saints, la réponse qu'ils feront n'est pas douteuse. Je me souviens d'avoir lu que pour M. Cobden, un des commissaires anglais et un des négociateurs du Traité du 23 janvier 1860, « la liberté du commerce n'est pas seulement une opinion, mais une croyance. » A ce titre M. Cobden aura pour voter l'abaissement des droits de protection assurés à l'industrie française deux raisons : l'intérêt anglais et son orthodoxie économique. Une seule suffirait.

Voilà ma première réflexion. J'arrive à la seconde. L'intervention de commissaires anglais, pour voter sur une question d'industrie française, a quelque chose de singulier. Je sais que nous venons de heurter les préjugés anglais sur la question de la Suisse ou de la Savoie, et que c'est une raison pour ne pas heurter en même temps leurs intérêts. Je crains cependant que l'idée de cette commission anglo-française ne réussisse pas en France. A Dieu ne plaise que je rappelle ici les préventions qui s'élevèrent il y a quinze ans dans l'affaire Pritchard et dans la question du droit de visite. Il y a des membres importants du

Sénat et même du ministère actuel qui ont partagé et exprimé ces préventions. J'avoue humblement que je les ai aussi ressenties. Assurément rien ne se ressemble, ni les temps, ni les opinions. Nous pouvons beaucoup faire pour l'Angleterre et nous pourrons faire aussi beaucoup pour l'Europe, parce que nous avons beaucoup agi seuls, avec hardiesse et avec succès. Mais de toutes les choses que je céderais le moins volontiers à l'Angleterre, c'est le droit de voter sur les intérêts de l'industrie française.

Nous avons voulu exposer la question. Le Corps législatif vient de la discuter; le Sénat la discutera aussi sans aucun doute. Nous nous félicitons de ces discussions. Elles sont la pratique sincère de la Constitution de 1852 et l'imitation intelligente de nos anciennes institutions.

Saint-Marc Girardin.

APPENDICE.

APPENDICE.

En publiant nos réflexions sur les systèmes protecteur et libre-échangiste et nos observations sur
l'influence que pourra exercer le Traité de commerce
sur l'avenir de l'industrie française, nous avons eu
pour but d'éclaircir ces questions et de contribuer,
ne fût-ce que pour une très-faible part, à faire apprécier la situation véritable de nos manufactures.

Mais pour faciliter à nos lecteurs cette appréciation, pour ne pas encourir le reproche d'avoir présenté uniquement un seul côté de la question, et
en même temps, pour donner une preuve de notre
impartialité, de notre entière bonne foi et de notre
désir de ne pas alarmer gratuitement l'industrie,
nous croyons bien faire en ajoutant à notre travail
le texte officiel du Traité de commerce, accompagné
du rapport adressé à S. M. l'Empereur, par LL. Exc.
M. Rouher, ministre de l'agriculture, du commerce
et des travaux publics, et M. Baroche, président du
Conseil d'État et chargé par intérim du département
des affaires étrangères.

Nous espérons rendre par là un service à nos lecteurs, qui trouveront dans un cadre resserré et facile à feuilleter, des considérations et des arguments en faveur des deux systèmes, et qui, pouvant ainsi comparer le pour et le contre, seront mieux à même de se faire une idée juste de la situation.

Le rapport à l'Empereur est certainement l'exposé le plus clair, le plus profond, le plus vrai et le plus juste des raisons qui militent en faveur d'une plus grande liberté commerciale, et nous reconnaissons hautement le talent extraordinaire et l'incontestable supériorité avec laquelle a été rédigée cette œuvre capitale et de la plus haute importance.

Nous avouons franchement que sous le rapport de la vigueur du raisonnement, de la justesse des observations, de la profondeur des aperçus et de la connaissance parfaite de tous les éléments se rattachant à cette importante et difficile question, le rapport à l'Empereur l'emporte de beaucoup sur tout ce qui a été dit antérieurement sur cette matière, et qu'il place ses auteurs au premier rang à la fois comme écrivains, comme économistes et comme hommes d'État.

Si nous avons tant fait l'éloge et tant insisté sur le mérite éminent des hommes politiques de l'Angleterre qui, dans la négociation du Traité et dans les discussions du Parlement, ont montré une si grande

habileté et une si profonde connaissance des affaires,
nous sommes plus heureux encore de pouvoir constater qu'en France aussi nous possédons, à la tête du
gouvernement, des hommes d'une capacité supérieure et qui nous donnent la preuve irréfutable du
soin scrupuleux avec lequel ils ont approfondi et
étudié les affaires, que la confiance justement méri-
tée du Souverain les avait appelés à traiter.

Il ne peut donc nous venir à l'idée d'oser faire la
critique du rapport à l'Empereur ; nous reconnaissons trop bien notre faiblesse et notre impuissance
pour avoir une pareille prétention.

D'ailleurs, si même nous avions pu en concevoir
la pensée, cela nous aurait été impossible, n'ayant
point à notre disposition les documents qu'il faudrait
posséder pour cela, et n'étant pas suffisamment ren-
seigné sur l'état des diverses industries qui jouent
le principal rôle dans notre commerce d'exportation.

Nous demandons seulement la permission de ha-
sarder quelques réflexions sur le reproche adressé,
dans le rapport, aux manufacturiers qui vendent à
l'extérieur leurs produits moins cher qu'à l'intérieur, surtout puisque ce reproche semble servir de
base principale aux arguments en faveur de l'abaissement des droits protecteurs. On le trouvera exprimé
dans le chapitre Tarif français, § 3.

Ce fait que des produits de manufactures françaises sont vendus sur les marchés étrangers, à des prix sensiblement inférieurs à ceux auxquels ils sont vendus par les mêmes manufacturiers sur le marché indigène, semble au premier abord une grande injustice, un abus criant, une exploitation du pays au profit de ces manufacturiers.

On se dit volontiers : si les fabricants peuvent vendre leurs produits à meilleur marché à l'extérieur, pourquoi ne le font-ils pas également pour leurs concitoyens? pourquoi ceux-ci doivent-ils payer plus cher que des étrangers? Le fabricant abuse de la protection pour rançonner les consommateurs du marché national, pour faire de gros bénéfices; tandis que sur le marché étranger où il n'est pas protégé, il se contente de bénéfices plus modérés. Enlevons donc les droits protecteurs pour faire jouir le consommateur indigène de ces prix plus modiques, qui, ainsi que nous le voyons, peuvent suffire aux fabricants.

Nous pensons avoir formulé le reproche avec toute la force possible; voyons maintenant s'il est réellement juste et fondé.

Faisons remarquer d'abord, que pour le praticien il n'y a rien d'anormal dans le fait cité; ce fait se reproduit partout, non-seulement dans les pays soumis à un système plus ou moins largement protecteur,

mais aussi en Angleterre, où règne le système libre-
échangiste. Il s'observe dans l'intérieur de chaque
pays, dans chaque province, même dans chaque
ville : partout les fabricants, comme les marchands
à quelque branche d'industrie qu'ils appartiennent,
vendent leurs produits à des prix différents, soit aux
diverses classes de commerçants ou détaillants, soit
même directement aux consommateurs. Nous nous
bornerons à citer quelques exemples, parmi les milliers entre lesquels nous pourrions choisir.

Un fabricant de produits chimiques placé seul au
milieu d'industries qui consomment ses produits,
les leur vend plus cher qu'à d'autres fabriques
situées à cent lieues de distance. La raison en est
bien simple : les industries voisines de son établissement, si elles voulaient tirer les produits qu'elles
consomment, d'une fabrique très-éloignée, auraient
à supporter des frais de transport assez considérables.
Elles préfèrent donc payer un peu plus cher, lorsqu'elles peuvent épargner ces frais. Mais par la même
raison, la fabrique de produits chimiques, si elle
veut vendre à de grandes distances, est obligée de
livrer ces marchandises à meilleur marché, pour
que, même grevées des frais de transport, elles
puissent encore concourir avec les produits d'une
fabrique dans le rayon de laquelle la première veut
trouver une clientèle.

Les grands magasins de confection vendent les effets d'habillements bien meilleur marché à Paris qu'en province ; c'est que dans la capitale, le consommateur d'habits peut acheter directement chez le fabricant, tandis qu'en province ce dernier ne peut vendre que par l'intermédiaire des détaillants, qui sont obligés de prélever un certain bénéfice sur la vente, et font ainsi hausser le prix de la marchandise.

La marée se vend généralement à Paris meilleur marché que dans les ports de mer où demeurent les pêcheurs. Cela provient de la nécessité dans laquelle se trouvent ces derniers d'envoyer les produits de leur industrie sur un grand marché où ils sont certains de trouver des acheteurs.

En effet, dans les ports de mer, la clientèle étant infiniment plus restreinte que dans la capitale, la vente y est incertaine et très-chanceuse.

Ce qui s'observe pour la marée, se remarque également pour une foule d'autres produits, qui à Paris sont meilleur marché qu'en province, et c'est une comparaison bien juste et bien vraie que celle de dire : que Paris est aux départements ce que les pays étrangers sont à la France en général.

La seule loi véritable du prix de vente d'un produit, c'est le rapport de l'offre à la demande. Si un produit est très-offert et peu demandé, il se vend à vil prix, même assez souvent au-dessous du prix de revient ; si au contraire la demande est plus grande que l'offre, les prix s'élèvent et peuvent dépasser de beaucoup les prix de revient.

Ces observations puisées dans le domaine de l'industrie s'appliquent également à d'autres ordres de faits. Tels sont, par exemple :

Les tarifs différentiels sur les chemins de fer, par suite desquels les prix de transport par tonne et par kilomètre, de matières encombrantes, comme par exemple, le combustible, les pierres, le plâtre, les denrées alimentaires sont généralement plus élevés pour les localités rapprochées que pour celles situées à de grandes distances.

Il en résulte souvent les conséquences les plus anormales et les plus choquantes, comme par exemple, de pouvoir se procurer la houille, dans un endroit éloigné de la houillère à un prix beaucoup moins élevé que dans une localité qui en est plus rapprochée.

Le gouvernement ayant presque reconnu la nécessité de maintenir cet état des choses, quoique le chemin de fer constitue en réalité un monopole, et qu'il soit impossible de s'en passer faute de concurrence, pourquoi voudrait-il en faire un crime à l'industrie, où il n'existe pas de monopole, et où la concurrence est illimitée ?

Si, du marché intérieur, nous passons au marché extérieur, nous remarquons les mêmes faits, par des raisons tout à fait identiques; et pour qu'on ne puisse pas invoquer les douanes protectrices pour les récuser, nous choisirons un exemple parmi les produits français qui sont au-dessus de toute nécessité de protection. C'est ainsi que le vin de Bordeaux se vend souvent meilleur marché à Hambourg ou à New-York, qu'à Bordeaux même, quoique pour y arriver, il ait eu à supporter des frais de transport assez considérables. Nous en tirons la conclusion, que les prix de vente ne se laissent pas réglementer, et qu'ils offrent toujours des différences notables, même dans l'intérieur du pays.

Par suite d'une foule de circonstances, sur lesquelles il est inutile d'insister, les consommateurs achèteront le même produit, tantôt plus cher, tantôt meilleur marché, et nous ne voyons pas comment il pourrait en être autrement, à moins de supprimer toute liberté industrielle et commerciale, et de vouloir revenir au funeste système des *maxima*, qui sont manifestement la ruine du commerce et de l'industrie.

Dans ce qui précède nous avons principalement envisagé la question au point de vue du producteur et du consommateur; mais il est bien rare que les deux se trouvent directement en contact; dans la

grande majorité des cas, ils ont besoin d'un intermédiaire, qui est le commençant ou détaillant, et
en lui nous trouvons une nouvelle et importante
cause de la différence entre les prix de vente.

Chaque industriel, pourvu que sa fabrication soit
montée sur une certaine échelle, et que ses produits
soient expédiés au delà d'un certain rayon pas trop
restreint, vend ses marchandises à des négociants
ou marchands en gros, en demi-gros ou à des détaillants.

Selon les risques et l'importance des commandes,
il varie les prix et conditions de vente.

A ceux qui prennent de fortes parties, il accorde
des faveurs, des remises plus fortes, et il en résulte
que la maison de gros, dont le chiffre d'affaires avec
la manufacture est considérable, achète souvent à 5,
10, 15 et même 20 % meilleur marché que le petit
détaillant.

Ces différences s'observent partout, et sont parfaitement justifiées. En effet, le fabricant peut
vendre meilleur marché à ceux qui lui font de fortes
commandes :

1° Parce qu'il trouve toujours un avantage à produire de grandes quantités de marchandises d'une
même espèce, que la maison de gros peut seule
commander.

Son capital se renouvelle plus souvent; il lui faut

un assortiment moins considérable; l'ouvrier, occupé au même travail, produit plus et mieux dans un temps donné. L'emploi des machines-outils devient possible, ce qui économise la main-d'œuvre, etc.

2° Parce que bien souvent le manufacturier peut par là se défaire d'un stoc de marchandises et renouveler ses magasins.

3° Parce que pour les grandes commandes on est souvent moins rigoureux quant au choix des produits : ceux-ci s'écoulent en bloc, tandis que le petit détaillant épluche les petits envois qu'il reçoit, et se montre ordinairement très-difficile et très-exigeant.

4° Enfin les frais généraux, les écritures, les ports de lettres et de marchandises, les frais de voyageurs, l'emballage, etc., sont bien moindres pour les grandes commandes que pour les petites.

Plusieurs de ces observations peuvent sembler minutieuses, et même futiles ; mais en industrie, il n'y a rien à négliger. Ce sont les petites économies qui généralement constituent les meilleurs et les plus sûrs bénéfices.

Nous pensons avoir expliqué d'une manière satisfaisante les différences de prix de la même marchandise sur le marché intérieur. Elle s'explique d'une manière tout aussi rationnelle pour ce qui concerne le marché extérieur.

Il importe d'abord de bien remarquer que les

affaires à l'extérieur ne se traitent jamais ou rarement avec de petits détaillants, mais toujours avec des maisons de gros ; les commandes se font par grandes parties, et les prix auxquels le fabricant peut livrer ses produits seront donc les plus réduits possibles ; mais de là il ne suit pas que le consommateur étranger paie la marchandise toujours à un prix moins élevé que le consommateur français. En effet, le petit détaillant français a la facilité de demander directement en fabrique, et devient ainsi le seul intermédiaire entre le fabricant et le consommateur ; comme il se contente généralement d'un petit bénéfice, il vend sa marchandise à des prix très-modérés. — Le petit détaillant étranger est dans une autre position ; il lui est impossible de demander directement à la fabrique française, et il est obligé de passer par la maison de gros, qui elle-même a ses frais, qui prélève ses bénéfices ; et, le nombre des intermédiaires étant plus grand, la marchandise est grevée de frais bien plus considérables que le consommateur étranger est en définitive obligé de supporter.

Il y a encore cette autre considération à faire valoir. Une fabrique produit assez souvent pour l'exportation un article ayant de l'analogie avec celui du marché indigène, mais en réalité de qualité inférieure ; un pareil objet, étant fabriqué dans des conditions plus économiques, peut aussi être livré à meilleur marché.

Enfin, si un fabricant se trouve dans le cas de l'exemple que nous avons cité dans notre travail, c'est-à-dire qu'ayant un certain chiffre d'affaires à l'intérieur, qui lui couvrent non-seulement ses frais de fabrication, mais encore ses frais généraux, en lui laissant un certain bénéfice, il pourra augmenter sa production, sans que pour cela ses frais généraux augmentent dans la même proportion.

Les affaires d'exportation étant en dehors de la vente courante, et la clientèle étrangère n'étant point une clientèle qu'il est obligé de disputer à ses concurrents de l'intérieur, il est clair que le fabricant pourra et devra se contenter d'un moindre bénéfice, et cependant y gagner encore ; mais nous ajouterons qu'avec lui le pays y gagne également, parce qu'il profite de tous les bienfaits du travail, de la main-d'œuvre et des salaires qui en sont la conséquence.

Pour s'en convaincre, on n'a qu'à considérer la manière dont s'établit peu à peu le commerce d'exportation. Il est bien rare qu'un industriel français, fabricant un certain nombre de produits, soit en état de les faire concourir tous hors de la France avec les produits similaires des fabriques étrangères.

Généralement il commence par quelques articles

seulement qu'il est parvenu à fabriquer avec un certain degré de supériorité et par des procédés peu coûteux.

Après avoir cherché à placer ces articles le plus possible à l'intérieur (où la consommation n'est pas illimitée), il finit par essayer également leur placement à l'extérieur, en se contentant, pour les raisons déjà citées plus haut, d'un bénéfice minime. Il arrive alors très-souvent qu'en développant par là sa fabrication, le manufacturier parvient à découvrir de meilleurs procédés, des méthodes de fabrication plus économiques, qui lui permettent de produire à meilleur marché.

Si cela arrive, ce n'est pas seulement le consommateur étranger qui en profite, mais le consommateur indigène s'en ressent également, puisqu'il devient possible au manufacturier de réduire également ses prix en France, et il a intérêt à le faire pour augmenter le chiffre de ses affaires et diminuer par là la proportion de ses frais généraux.

D'ailleurs, quand même cela n'arriverait pas (ce qui est un cas presque inadmissible), il y aurait cependant bénéfice pour le pays; car toute vente de produits français faite à l'étranger, c'est autant de main-d'œuvre et de travail enlevés aux manufactures étrangères et réservés aux manufactures et ouvriers français qui en profitent. C'est là une vérité si bien reconnue que les gouvernements eux-mêmes ont toujours cherché à favoriser le travail manufacturier indigène pour l'exportation par le système des *drawbacks*.

Par ce système, largement pratiqué en France, les droits d'importation des matières premières sont restitués lorsque ces matières quittent de nouveau le pays sous forme de produits fabriqués.

Mais évidemment, dans ce cas, le fabricant peut vendre les produits exportés meilleur marché que ceux qu'il livre à la consommation indigène, puisque rien ne lui est restitué pour ces derniers.

Si donc il y avait eu par ce fait spoliation et exploitation du consommateur indigène, le gouvernement lui-même pourrait être accusé d'y avoir prêté la main et de s'en être rendu coupable.

Or, cela est évidemment inadmissible, et si l'État a sanctionné le système des *drawbacks*, c'est qu'il a reconnu sa grande utilité et ses importants bienfaits pour le pays, dont il développe par là les éléments de travail, de main-d'œuvre et de salaire, et avec eux la richesse et la prospérité de la nation.

L'exportation des produits de manufacture française, lorsqu'elle peut se faire sous l'influence du régime protecteur, est donc une bonne chose, et nous ne pensons pas qu'elle mérite l'appréciation, peut-être un peu trop sévère, qu'en ont faite les auteurs du rapport à l'Empereur.

RAPPORT A L'EMPEREUR.

SIRE,

Les ratifications données par Votre Majesté sur le Traité de commerce conclu et signé à Paris le 23 janvier dernier, entre ses plénipotentiaires et ceux de S. M. la reine du Royaume uni de la Grande-Bretagne et d'Irlande, ont été échangées à Paris le 4 février, contre les ratifications analogues de Sa Majesté Britannique.

Je soumets à la signature de Votre Majesté le décret destiné à autoriser, suivant l'usage, la publication et l'exécution de ce Traité : l'importance des modifications que cet acte doit apporter aux relations commerciales de la France avec l'Angleterre, me détermine à proposer à l'Empereur de permettre en même temps la publication, sans réserve, du rapport par lequel les deux négociateurs, S. Exc. le président du Conseil d'État chargé alors, par intérim, du portefeuille des affaires étrangères, et S. Exc. le ministre de l'agriculture, du commerce et des travaux publics, ont rendu compte à Votre Majesté de l'exécution du mandat qu'elle avait daigné leur confier.

Je suis avec respect,

Sire,

De Votre Majesté,

Le très-humble, très-obéissant serviteur, et fidèle sujet,

THOUVENEL.

Paris, le 10 mars 1860.

Décret impérial qui prescrit la promulgation du Traité de commerce conclu, le 23 janvier 1860, entre la France et le royaume uni de la Grande-Bretagne et d'Irlande.

NAPOLÉON,

Par la grâce de Dieu et la volonté nationale, Empereur des Français,

A tous présents et à venir, salut :

Sur le rapport de notre ministre secrétaire d'État au département des affaires étrangères,

Avons décrété et décrétons ce qui suit :

ART. 1er. Un Traité de commerce ayant été signé à Paris le 23 janvier 1860, entre la France et le royaume uni de la Grande-Bretagne et d'Irlande, et les ratifications de cet acte ayant été échangées le 4 février 1860, ledit Traité, dont la teneur suit, sera publié partout où besoin sera et inséré au *Bulletin des lois.*

Traité.

Sa Majesté l'Empereur des Français et Sa Majesté la Reine du royaume uni de la Grande-Bretagne et d'Irlande, également animés du désir de resserrer les liens d'amitié qui unissent les deux peuples, et voulant améliorer et étendre les relations commerciales entre leurs États respectifs, ont résolu de conclure un Traité à cet effet, et ont nommé pour leurs plénipotentiaires, savoir :

Sa Majesté l'Empereur des Français, M. Baroche, grand-croix de son ordre impérial de la Légion d'Honneur, etc., etc., membre de son conseil privé, président de son Conseil d'État, chargé par intérim du ministère des affaires étrangères ;

Et M. Rouher, grand-officier de l'ordre impérial de la Légion d'Honneur, etc., etc., sénateur, son ministre et secrétaire d'État au département de l'agriculture, du commerce et des travaux publics ;

Et Sa Majesté la Reine du royaume uni de la Grande-Bretagne et d'Irlande, le très-honorable Henry-Richard-Charles comte Cowley, vicomte Dangan, baron Cowley, pair du royaume uni, membre du conseil privé de Sa Majesté Britannique, chevalier grand-croix du très-honorable ordre du Bain, ambassadeur extraordinaire et plénipotentiaire de Sadite Majesté près Sa Majesté l'Empereur des Français ;

Et M. Richard Cobden, écuyer, membre du Parlement britannique ;

Lesquels, après s'être communiqué leurs pleins pouvoirs respectifs, trouvés en bonne et due forme, sont convenus des articles suivants :

Art. 1er. Sa Majesté l'Empereur des Français s'engage à admettre les objets ci-près dénommés, d'origine et de manufacture britanniques, importés du royaume uni en France, moyennant un droit qui ne devra, en aucun cas, dépasser 30 °/₀ de la valeur, les deux décimes additionnels compris.

Ces objets et marchandises sont les suivants :

Sucre raffiné ; .

Curcuma en poudre ;

Cristal de roche ouvré ;

Fer forgé en massiaux ou prismes ;

Fils de laiton (cuivre allié de zinc), polis ou non polis, de toute sorte ;

Produits chimiques dénommés ou non dénommés ;

Extraits de bois de teinture ;

Garancine ;

Savons ordinaires de toute sorte et savons de parfumerie ;

Poterie de grès fin ou commun et de terre de pipe ;

Porcelaines;

Verres, cristaux, glaces;

Fils de coton;

Fils de laine de toute sorte;

Fils de lin et de chanvre;

Fils de poils spécialement dénommés ou non;

Tissus de coton;

Tissus de crin spécialement dénommés ou non;

Tissus de laine dénommés ou non;

Lisières en drap;

Tissus de poils;

Tissus de soie;

Tissus de bourre de soie; fleuret;

Tissus d'écorces d'arbres et de tous autres végétaux filamenteux, dénommés ou non;

Tissus de lin et de chanvre;

Tissus mélangés de toute sorte;

Bonneterie;

Passementerie;

Mercerie;

Tissus de caoutchouc et de gutta-percha purs ou mélangés;

Habillements ou vêtements confectionnés;

Peaux préparées;

Ouvrages en peaux ou en cuir compris ou non sous la dénomination de mercerie commune ou fine;

Plaqués de toute sorte;

Coutellerie;

Ouvrages en métaux dénommés ou non;

Fonte de toute espèce, sans distinction de poids;

Fers, sauf l'exception prévue par l'art. 17 ci-après;

Aciers;

Machines, outils et mécaniques de toute sorte;

Voitures suspendues, garnies ou peintes;

Tabletterie et ouvrages en ivoire ou en bois;

Eaux-de-vie, même autres que de vin, de cerise, de mélasse ou de riz;

Bâtiments de mer et embarcations.

A l'égard du sucre raffiné et des produits chimiques dérivés du sel, on ajoutera aux droits ci-dessus fixés le montant des impôts qui grèvent ces produits à l'intérieur.

Art. 2. Sa Majesté l'Empereur s'engage à réduire les droits d'importation en France sur la houille et le coke britanniques au chiffre de 15 cent. les 100 kilogrammes, plus les 2 décimes.

Sa Majesté l'Empereur s'engage également, dans le délai de quatre ans, à partir de la ratification du présent Traité, à établir à l'importation des houilles et du coke, par les frontières de terre et de mer, un droit uniforme qui ne pourra être supérieur à celui qui est fixé par le paragraphe précédent.

Art. 3. Il est convenu que les droits fixés par les articles précédents sont indépendants des droits différentiels établis en faveur des bâtiments français.

Art. 4. Les droits *ad valorem* stipulés par le présent Traité seront calculés sur la valeur au lieu d'origine ou de fabrication de l'objet importé, augmentée des frais de transport, d'assurance et de commission nécessaires pour l'importation en France jusques au port de débarquement.

Pour la perception de ces droits, l'importateur fera, au bureau de la douane, une déclaration écrite, constatant la valeur et la qualité des marchandises importées. Si l'administration de la douane juge insuffisante la valeur déclarée, elle aura le droit de retenir les marchandises, en payant à l'importateur le prix déclaré par lui, augmenté de 5 0/0.

Ce paiement devra être effectué dans les quinze jours qui suivront la déclaration, avec restitution des droits, s'il en avait été perçu.

Art. 5. Sa Majesté Britannique s'engage à recourir à son Parlement pour être mise à même d'abolir les droits d'importation sur les articles suivants :

Acide sulfurique et autres acides minéraux ;

Agates et cornalines montées ;

Allumettes chimiques de toute sorte ;

Amorces ou capsules de poudre fulminante ;

Armes de toute sorte ;

Bijouterie ;

Bimbeloterie ;

Bouchons ;

Brocarts d'or et d'argent ;

Broderies ou ouvrages à l'aiguille de toute espèce ;

Ouvrages en bronze ou métal bronzé ou verni ;

Cannes pour ombrelles, parapluies ou autres, montées, peintes ou autrement ornées ;

Chapeaux de quelque matière qu'ils soient composés ;

Gants, bas, chaussettes et autres articles confectionnés, en tout ou en partie, de coton ou de fil de lin ;

Cuir ouvré ;

Dentelles de coton, laine, soie ou lin ;

Fers et aciers ouvrés ;

Machines et mécaniques ;

Outils et instruments ;

Coutellerie et autres articles en acier, fer ou fonte moulée ;

Articles d'ornement ou de fantaisie en acier ou en fer ;

Ouvrages chargés de cuivre par un procédé galvanique ;

Modes et fleurs artificielles ;

Fruits frais ;

Ganterie et autres articles d'habillement en peau ;

Caoutchouc et gutta-percha ouvrés ;

Huiles ;

Instruments de musique;

Châles de laine imprimés ou unis;

Couvertures, gants et autres tissus en laine non dénommés;

Mouchoirs et autres tissus non dénommés en lin et en chanvre;

Parfumerie; tabletterie; pendules; montres; lorgnettes;

Plomb ouvré dénommé ou non dénommé;

Plumes apprêtées ou non;

Tissus de poil de chèvre ou autres;

Porcelaine;

Poterie;

Raisins frais;

Sulfate de quinine;

Sels de morphine;

Tissus de soie pure ou mélangée, de quelque nature qu'ils soient.

Articles non dénommés au tarif, actuellement grevés d'un droit de 10 °/₀ *ad valorem*, sauf toutefois les mesures de précaution que pourrait exiger la protection du revenu public contre l'introduction de matières assujetties à des droits de douane ou d'accise et qui entreraient dans la composition des articles admis en franchise en vertu du présent paragraphe.

Art. 6. Sa Majesté Britannique s'engage aussi à proposer au Parlement de réduire immédiatement les droits à l'importation des vins français à un taux qui ne dépassera pas 3 shillings par gallon jusqu'au 1er avril 1861. A partir de cette dernière époque, les droits d'importation seront réglés de la manière suivante :

1° Sur les vins qui contiennent moins de 15 degrés d'esprit, type d'Angleterre, vérifiés par l'hydromètre de Sykes, le droit ne dépassera pas 1 shilling par gallon;

2° Sur les vins qui contiennent de 15 à 26 degrés, le droit ne dépassera pas 1 shilling 6 pence par gallon;

3° Sur les vins qui contiennent de 26 à 40 degrés, le droit ne dépassera pas 2 shillings par gallon ;

4° Sur les vins en bouteilles, le droit ne dépassera pas 2 shillings par gallon ;

5° L'importation des vins ne devra avoir lieu que par les ports qui seront désignés à cet effet avant la mise à exécution du présent Traité, Sa Majesté Britannique se réservant de substituer d'autres ports à ceux qui auront été primitivement désignés, ou d'en augmenter le nombre.

Le droit d'importation par les ports non désignés sera de 2 shillings par gallon ;

6° Sa Majesté Britannique se réserve le droit, nonobstant les dispositions du présent article, de fixer le *maximum* d'esprit type qui pourra être contenu dans la liqueur déclarée comme vin, sans toutefois que ce *maximum* puisse être inférieur à 37 degrés.

Art. 7. Sa Majesté Britannique promet de recommander au Parlement l'admission dans le royaume uni des marchandises provenant de France à des droits identiques à ceux d'accise qui grèvent ou grèveraient les marchandises similaires dans le royaume uni. Toutefois, les droits à l'importation pourront être augmentés des sommes qui représenteraient les frais occasionnés aux producteurs britanniques par le système de l'accise.

Art. 8. En conséquence de l'article précédent, Sa Majesté Britannique s'engage à recommander au Parlement l'admission dans le royaume uni des eaux-de-vie et esprits provenant de France, à des droits exactement identiques à ceux qui grèvent dans le royaume uni les esprits de fabrication nationale, sauf une surtaxe de 2 pence par gallon, ce qui fait pour le droit à percevoir actuellement sur les eaux-de-vie et esprits provenant de France 8 shillings 2 pence le gallon. Sa Majesté Britannique s'engage aussi à recommander au Parlement l'admission des rhums et tafias provenant des colonies françaises aux mêmes droits que ceux qui grèvent ou grèveraient ces produits provenant des colonies britanniques.

Sa Majesté Britannique s'engage à recommander au Parlement l'admission des papiers de tenture provenant de France à des droits identiques à ceux d'accise c'est-à-dire à 14 shillings le quintal, et les cartons de même provenance à un droit qui ne pourra excéder 15 shillings le quintal.

Sa Majesté Britannique s'engage aussi à recommander au Parlement l'admission de l'orfévrerie provenant de France à des droits identiques à ceux de marque ou d'accise qui grèvent l'orfévrerie britannique.

Art. 9. Il est entendu entre les hautes puissances contractantes que si l'une d'elles juge nécessaire d'établir un droit d'accise ou impôt sur un article de production ou de fabrication nationale qui serait compris dans les énumérations qui précèdent, l'article similaire étranger pourra être immédiatement grevé, à l'importation, d'un droit égal.

Il est également entendu entre les hautes puissances contractantes que dans le cas où le gouvernement britannique jugera nécessaire d'élever les droits d'accise qui grèvent les esprits de fabrication nationale, les droits d'importation sur les vins pourront être modifiés de la manière suivante :

Chaque augmentation d'un shilling par gallon d'esprit sur le droit d'accise pourra donner lieu, sur les vins payant 1 1/2 shilling, à une augmentation de droit qui ne pourra excéder 1 1/2 penny, et sur les vins payant 2 schellings à une augmentation qui ne pourra excéder 2 pence et 1/2 penny.

Art. 10. Les deux hautes parties contractantes se réservent la faculté d'imposer, sur tout article mentionné dans le présent Traité ou sur tout autre article, des droits de débarquement ou d'embarquement affectés à la dépense des établissements nécessaires au port d'importation et d'exportation.

Mais, en tout ce qui concerne le traitement local, les droits et les frais dans les ports, les bassins, les docks, les rades, les havres et les rivières des deux pays, les priviléges, faveurs ou avantages qui sont ou seront accordés aux bâtimeuts nationaux sans exception ou à la marchandise qu'ils exportent ou importent, le seront également aux bâtiments de l'autre pays et aux marchandises qu'ils importent ou exportent.

Art. 11. Les deux hautes puissances contractantes prennent l'engagement de ne pas interdire l'exportation de la houille et de n'établir aucun droit sur cette exportation.

Art. 12. Les sujets d'une des hautes puissances contractantes jouiront, dans les États de l'autre, de la même protection que les nationaux pour tout ce qui concerne la propriété des marques de commerce et des dessins de fabrique de toute espèce.

Art. 13. Les droits *ad valorem* établis dans la limite fixée par les articles précédents seront convertis en droits spécifiques par une convention complémentaire qui devra intervenir avant le 1er juillet 1860. On prendra pour base de cette conversion les prix moyens pendant les six mois qui ont précédé la date du présent Traité.

Toutefois, la perception des droits sera faite conformément aux bases ci-dessus établies: 1° dans le cas où cette convention complémentaire ne serait pas intervenue avant l'expiration des délais fixés pour l'exécution par la France du présent Traité ; 2° pour les articles dont les droits spécifiques n'auraient pu être réglés d'un commun accord.

Art. 14. Le présent Traité sera exécutoire pour le royaume uni de la Grande-Bretagne et d'Irlande aussitôt que la sanction législative nécessaire aura été donnée par le Parlement, sous la réserve faite, en ce qui concerne les vins, par l'art. 6.

Sa Majesté Britannique se réserve, en outre, la faculté de conserver, pour des motifs spéciaux et par exception, pendant un temps qui ne pourra excéder deux années, à partir du 1er avril 1860, la moitié des droits qui grèvent actuellement les articles dont l'admission en franchise est stipulée par le présent Traité. Cette réserve n'est pas applicable aux soieries.

Art. 15. Les engagements contractés par Sa Majesté l'Empereur des Français seront exécutoires et les tarifs précédemment indiqués à l'importation des marchandises d'origine et de manufacture britanniques seront applicables dans les délais suivants :

1° Pour la houille et le coke, à partir du 1er juillet 1860 ;

2° Pour les fers, les fontes, les aciers qui n'étaient pas rappés de prohibition, à partir du 1er octobre 1860 ;

3° Pour les ouvrages en métaux, machines, outils et mécaniques de toute espèce, dans un délai qui ne dépassera pas le 31 décembre 1860 ;

4° Pour les fils et tissus de lin et de chanvre, à partir du 1er juin 1861 ;

5° Pour tous les autres articles, à partir du 1er octobre 1861.

Art. 16. Sa Majesté l'Empereur des Français s'engage à ce que les droits *ad valorem* établis à l'importation en France des marchandises d'origine et de manufacture britanniques aient pour *maximum* la limite de 25 °/o, à partir du 1er octobre 1864.

Art. 17. Il demeure entendu entre les hautes puissances contractantes, comme élément de la conversion des droits *ad valorem* en droits spécifiques, que pour les fers actuellement grevés à l'importation en France d'un droit de 10 fr., non compris le double décime additionnel, le droit sera de 7 fr. pour 100 kilogrammes jusqu'au 1er octobre 1864, et de 6 fr. à partir de cette époque, les 2 décimes additionnels compris dans les deux cas.

Art. 18. Les dispositions du présent Traité de commerce

sont applicables à l'Algérie, tant pour l'exportation de ses produits que pour l'importation des marchandises britanniques.

Art. 19. Chacune des deux hautes puissances contractantes s'engage à faire profiter l'autre puissance de toute faveur, de tout privilége ou abaissement dans les tarifs des droits à l'importation des articles mentionnés dans le présent Traité, que l'une d'elles pourrait accorder à une tierce puissance. Elles s'engagent, en outre, à ne prononcer l'une envers l'autre aucune prohibition d'importation ou d'exportation qui ne soit en même temps applicable aux autres nations.

Art. 20. Le présent Traité ne sera valable qu'autant que Sa Majesté Britannique aura été autorisée par l'assentiment de son Parlement à exécuter les engagements contractés par elle dans les articles qui précèdent.

Art. 21. Le présent Traité restera en vigueur pendant dix années, à partir du jour de l'échange de ses ratifications; et, dans le cas où aucune des deux hautes puissances contractantes n'aurait notifié, douze mois avant l'expiration de ladite période de dix années, son intention d'en faire cesser les effets, le Traité continuera à rester en vigueur encore une année, et ainsi de suite, d'année en année, jusqu'à l'expiration d'une année à partir du jour où l'une ou l'autre des hautes puissances contractantes l'aura dénoncé.

Les hautes puissances contractantes se réservent la faculté d'introduire, d'un commun accord, dans ce Traité toutes modifications qui ne seraient pas en opposition avec son esprit ou ses principes, et dont l'utilité serait démontrée par l'expérience.

Art. 22. Le présent Traité sera ratifié et les ratifications en seront échangées à Paris dans le délai de quinze jours, ou plus tôt si faire se peut.

En foi de quoi les plénipotentiaires respectifs l'ont signé et y ont apposé le cachet de leurs armes.

Fait en double expédition à Paris, le vingt-troisième jour de janvier de l'an de grâce mil huit cent soixante.

(L. S.) *Signé :* J. Baroche.

(L. S.) *Signé :* E. Rouher.

(L. S.) *Signé :* Cowley.

(L. S.) *Signé :* Rich. Cobden.

Art. 2.

Notre ministre secrétaire d'État au département des affaires étrangères est chargé de l'exécution du présent décret

Fait à Paris, le 10 mars 1860.

NAPOLÉON.

Par l'Empereur :

Vu et scellé du sceau
de l'État :

*Le garde des sceaux, ministre
de la justice,*

Delangle.

*Le ministre des affaires
étrangères,*

Thouvenel

---

*Décret impérial qui prescrit la promulgation de l'article addition-
nel au Traité de commerce conclu entre la France et la Grande-
Bretagne.*

Napoléon,

Par la grâce de Dieu et la volonté nationale, Empereur des Français,

A tous présents et à venir, salut :

Sur le rapport de notre ministre secrétaire d'État au département des affaires étrangères,

Avons décrété et décrétons ce qui suit :

Article premier.

Un article additionnel au Traité de commerce conclu le

23 janvier 1860, entre la France et le royaume uni de la Grande-Bretagne et d'Irlande, ayant été signé à Paris le 25 février 1860, et les ratifications de cet acte ayant été échangées le 28 du même mois, ledit article additionnel dont la teneur suit sera publié partout où besoin sera et inséré au *Bulletin des lois*.

Article additionnel.

Par l'art. 8 du Traité de commerce entre Sa Majesté l'Empereur des Français et Sa Majesté la Reine du royaume uni de la Grande-Bretagne et d'Irlande, signé à Paris le 23 janvier dernier, Sa Majesté Britannique s'est engagée à recommander au Parlement l'admission dans le royaume uni des eaux-de-vie et esprits importés de France à un droit exactement égal au droit d'accise perçu sur les esprits de fabrication indigène, avec l'addition d'une surtaxe de 2 pence par gallon, ce qui mettrait le droit actuel à payer, pour les eaux-de-vie et esprits de France, à 8 shillings 2 pence par gallon.

Depuis la ratification dudit Traité, le gouvernement de Sa Majesté Britannique s'est assuré que la surtaxe de 2 pence par gallon n'est pas suffisante pour contre-balancer les charges que les lois de douane et d'accise font actuellement peser sur les esprits de fabrication anglaise, et qu'une surtaxe limitée au taux de 2 pence par gallon laisserait encore subsister sur les esprits de fabrication anglaise un droit différentiel en faveur des eaux-de-vie et esprits étrangers.

En conséquence, le gouvernement de Sa Majesté Britannique ayant fait connaître ces circonstances au gouvernement de Sa Majesté l'Empereur des Français, et Sa Majesté Impériale ayant consenti à ce que le montant de ladite surtaxe fût augmenté les deux hautes parties contractantes audit Traité de commerce sont convenues par le présent article additionnel que le montant de cette surtaxe serait de 5 pence par gallon, et Sa

Majesté Britannique s'engage à recommander au Parlement l'admission dans le royaume uni des eaux-de-vie et esprits importés en France à un droit exactement égal au droit d'accise perçu sur les esprits de fabrication indigène, avec addition d'une surtaxe de 5 pence par gallon.

Le présent article additionnel aura la même force et valeur que s'il avait été inséré dans le Traité de commerce du 23 janvier dernier. Il sera ratifié, et les ratifications en seront échangées à Paris dans le délai de cinq jours à partir de la date de sa signature.

En foi de quoi les plénipotentiaires respectifs ont signé le présent et y ont apposé le sceau de leurs armes.

Fait à Paris, le vingt-cinquième jour du mois de février de de l'an de grâce mil huit cent soixante.

(L. S.) *Signé :* J. BAROCHE.
(L. S.) *Signé :* E. ROUHER.
(L. S.) *Signé :* COWLEY.

ART. 2.

Notre ministre secrétaire d'État au département des affaires étrangères est chargé de l'exécution du présent décret.

Fait à Paris, le 10 mars 1860.

NAPOLÉON.

Par l'Empereur :

Vu et scellé du sceau
de l'État :
*Le garde des sceaux, ministre
de la justice,*
DELANGLE.

*Le ministre des affaires
étrangères,*
THOUVENEL.

RAPPORT A L'EMPEREUR.

Sire,

Nous avons l'honneur de présenter à la haute appréciation de Votre Majesté le Traité de commerce que nous avons signé, à la date d'hier, avec les plénipotentiaires de Sa Majesté la Reine du royaume uni de la Grande-Bretagne et de l'Irlande.

Nous demandons à l'Empereur la permission de lui soumettre les faits qui ont précédé cette importante convention et les considérations générales qui en justifient l'économie.

Négociations antérieures au Traité du 23 janvier 1860.

I.

A différentes époques, sous des formes alternativement officieuses ou officielles, la pensée d'unir la Grande-Bretagne à la France, par un Traité de commerce, a été échangée entre les gouvernements de ces deux grandes nations.

Le Traité de navigation du 26 janvier 1826, qui a posé le principe de l'égalité de traitement entre les marines marchandes des deux puissances pour l'importation et l'exportation des produits respectifs de chaque pays, était le prélude naturel d'une négociation commerciale. Les opinions libérales en matière de douane, exprimées par plusieurs hommes d'État de la Restauration, les premiers pas faits, dès 1824, par Huskisson, dans la voie des réformes économiques, conduisaient logiquement les esprits à cette négociation.

Cependant ce fut seulement après la révolution de 1830, et dans le cours de l'année 1832, que furent agités et discutés des projets de convention destinés à développer les rapports commerciaux entre ces deux peuples, engagés autrefois dans des luttes qui ont ébranlé le monde et rapprochés désormais par des liens d'amitié et d'intérêt.

Si les convictions économiques de plusieurs ministres du gouvernement de juillet pouvaient donner quelque chance de succès à ces tentatives, les temps leur étaient peu favorables. L'ordre public était alors mal assuré, les agitations de la rue étaient fréquentes. Ces préoccupations intérieures détournèrent l'attention des questions internationales.

Des communications officielles ne furent échangées entre les deux gouvernements qu'à la fin de 1839 ; au nombre des propositions des commissaires anglais, inspirées, disaient-ils, par «le désir de placer le commerce de la France et de l'Angleterre sur ce pied juste et stable qui résulte de ce que chaque nation vend les marchandises qu'elle est le plus à même de produire,» la première et la plus capitale était celle-ci : Réduction des droits sur les eaux-de-vie, les vins et les soieries importés dans la Grande-Bretagne, mais à des taux infiniment supérieurs aux chiffres admis par le Traité actuel, et, en compensation, remplacement des prohibitions qui frappent les tissus de laine et de coton de toute sorte, la coutellerie et la quincaillerie, par des droits *ad valorem* de 20 °/₀. Les doctrines du cabinet français n'étaient pas, en 1839, aussi libérales que celles professées en 1832 ; l'application d'un système électoral très-restrictif, le développement du régime parlementaire avaient produit leurs fruits et préparé la subordination des intérêts généraux à des intérêts privés. Des influences redoutables s'étaient organisées contre toute modification de tarifs, elles avaient paralysé l'union douanière avec la Belgique, elles devaient paralyser tout projet d'alliance avec le Zollverein et faire peser leur domination sur le gouvernement de juillet jusqu'à sa dernière heure. Aussi les commissaires français restreignirent-ils beaucoup le champ de la négociation ; toutefois ils n'hésitaient pas à consentir à la levée des prohibitions, sur la coutellerie, les plaqués, la quincaillerie, la verrerie, la poterie et certains articles manufacturés en laines; ils proposaient de remplacer ces prohibitions par des droits variant entre 20 et 30 % de la valeur. Nos négociateurs inclinaient même à un tarif plus réduit à l'égard des fils de lin et de chanvre.

Les complications diplomatiques produites par la question d'Orient, la tiédeur que cette difficulté amena dans les relations de l'Angleterre et de la France, interrompirent les négociations. Elles furent inutilement reprises en 1843 : le Traité, qui devait engager les deux nations pour douze années, ne fut pas conclu.

II.

De nouvelles communications ne devaient être échangées entre le cabinet de Saint-James et le cabinet français qu'après une nouvelle période décennale; dans le cours de ces dix années, des faits considérables, sous le rapport économique, s'accomplirent en Angleterre. Les grandes réformes douanières dont Huskisson avait fait pressentir la nécessité dès 1824 furent commencées en 1842 et poursuivies avec la plus infatigable énergie. Il serait peut-être utile, à titre d'enseignement, de retracer ici l'histoire des luttes, des résistances, des inquiétudes profondes soulevées par ces réformes, et en même temps de présenter le tableau des immenses résultats que ces changements ont produits dans le régime industriel et commercial de la Grande-Bretagne; mais, d'une part, ces faits ont acquis un haut degré de notoriété; de l'autre, nous serions appelés à marquer en même temps les différences qui existent dans les conditions industrielles des deux pays et doivent se reproduire dans leur législation. Or, un tel travail dépasserait les limites de ce rapport.

Il suffit de résumer cette œuvre de plusieurs législatures et de plusieurs années dans les propositions suivantes :

Suppression des droits sur les matières brutes et les objets de première nécessité ;

Réduction des taxes sur les articles de grande consommation, combinée de manière à étendre le commerce et à profiter aux consommateurs, sans diminuer d'une manière définitive le revenu ;

Entière abolition des droits sur les articles ne produisant qu'un revenu insignifiant couvrant à peine les dépenses de perception ;

Retrait des drawbacks rendus inutiles par l'entrée en franchise des matières premières ;

Diminution graduelle des tarifs sur les objets manufacturés ;

Enfin, abolition des droits différentiels dont n'avait plus besoin la marine britannique et qui ne servaient dès lors qu'à entraver le commerce, à exhausser les prix et à limiter la consommation.

L'un des derniers actes de cette réforme, le bill qui en 1849 prononça le rappel de l'acte de navigation de Cromwell, motiva la reprise des négociations entre la France et l'Angleterre.

Ce bill conférait au gouvernement britannique la faculté de prendre des mesures de représailles contre les nations qui refuseraient à la marine anglaise la réciprocité du traitement que la nouvelle législation conférait à toutes les marines étrangères. Le cabinet anglais insista pour qu'il fût fait des adoucissements identiques dans nos lois de navigation. Mais une question préjudicielle d'interprétation et d'application des règles de réciprocité posées par le Traité du 26 janvier 1826 occupa les deux chancelleries jusqu'en 1852. A cette époque, la pensée du développement des stipulations du Traité de 1826 fut abandonnée, et le désir de voir se multiplier nos relations commerciales fut de nouveau manifesté par les deux cabinets.

III.

Le mémorandum adressé, le 24 septembre 1852, par lord Cowley au ministre des affaires étrangères, posait le projet de négociation sur les bases les plus larges : « le Traité à intervenir devait régler toutes les questions commerciales d'après les principes d'une juste et libérale réciprocité, et les remaniements du tarif français devaient être assez complets pour donner une vive impulsion aux échanges entre les deux pays. »

Le ministre du commerce, auquel ce mémorandum fut communiqué, formula son opinion dans une dépêche remarquable sous la date du 17 novembre 1852. Il souscrivait à des réductions sérieuses de droits sur de nombreux articles, en réclamait de non moins importantes dans le tarif anglais, et indiquait, en terminant, que les relations commerciales des deux pays seraient appelées à profiter bientôt de la levée des prohibitions et d'autres modifications considérables formulées dans un projet de loi soumis alors à l'examen du Conseil d'État.

La révision spontanée faite en 1853 par le Parlement britannique des droits qui grevaient quelques-uns des principaux articles de notre industrie, et surtout nos produits agricoles, dont l'exportation est une si puissante source de richesse pour nos provinces de Bretagne et de Normandie ; la reprise de nos conférences commerciales avec la Belgique, bientôt suivies de la signature d'un Traité avec cette puissance ; enfin la détermination prise par le gouvernement français, sous l'influence de considérations politiques, d'ajourner la levée des prohibitions, interrompirent naturellement le cours de cette négociation.

IV.

Ces efforts réitérés depuis trente ans pour accroître les relations entre les deux plus grandes puissances industrielles du monde étaient l'expression d'une nécessité pour ainsi dire impérieuse. Des timidités, des indifférences, des incidents imprévus, pouvaient bien faire ajourner la solution; mais chaque jour écoulé la rendait plus inévitable, et les réformes économiques opérées par toutes les autres nations lui imprimaient même un caractère d'urgence.

Une circonstance particulière est venue donner à ces relations, tour à tour reprises et abandonnées, l'activité la plus sérieuse. Certaines annuités de la dette anglaise, s'élevant à 53,650,000 fr., prennent fin en 1860. L'extinction de cette charge rend possibles de fortes réductions sur certains articles du tarif britannique. Des communications officieuses nous ayant permis de penser que ces réductions pouvaient profiter principalement aux produits français, Votre Majesté a autorisé, dès le mois de novembre dernier, les ministres compétents à négocier les bases d'un Traité de commerce avec les plénipotentiaires de la Grande-Bretagne.

En donnant cette autorisation, l'Empereur a nettement déterminé le caractère et le but de cette négociation : l'unique préoccupation des représentants de la France devait être l'étude loyale, consciencieuse, approfondie, des intérêts industriels, commerciaux et de consommation de ce pays. Aucune considération politique d'un ordre accidentel, temporaire, ou même permanent, ne devait se mêler à notre examen ou exercer une influence sur nos appréciations. Que l'amélioration des relations commerciales ait pour corollaire le développement des liens d'amitié entre les peuples, c'est là un grand bienfait pour la civilisation. Votre Majesté, qui a toujours montré une si ferme volonté de maintenir intacte l'alliance anglaise, à travers tant de difficultés et de défiances, n'était certes pas indifférente à cette nouvelle garantie donnée à la paix du monde. Mais elle a compris, dès le premier jour de la négociation, que ce puissant élément de sécurité ne serait plus qu'éphémère et ne tarderait pas à dégénérer en une cause dissolvante, si un intérêt industriel ou commercial pouvait être sacrifié en compensation d'un intérêt politique.

C'est à ce point de vue large, élevé, national, que nous avons dû poursuivre la conclusion du Traité signé le 23 janvier, et que nous sommes appelés aujourd'hni à en exposer les stipulations. Nous croyons d'ailleurs inutile de retracer l'histoire des négociations qui ont préparé cette convention et qui ont restreint ou développé, suivant les appréciations respectives, les propositions originairement échangées

Tarif britannique.

I.

Les réductions de droits spontanément opérées par la législation anglaise limitent, sans doute, le nombre des avantages conventionnels qui peuvent être stipulés en faveur de l'industrie française. Cependant le tarif anglais présente encore des taxes assez nombreuses et parfois assez élevées sur les objets manufacturés et sur certains produits naturels. Quelques parties de ce tarif forment même, par leurs dispositions peu libérales, un contraste fâcheux avec l'ensemble de cette législation douanière. La négociation avec la Grande-Bretagne a embrassé presque tous ces articles. Le Traité s'occupe successivement :

1° De tous les objets manufacturés comprenant les articles de Paris, la bijouterie, l'orfévrerie, les modes, la ganterie, les fleurs artificielles, etc. ;

2° Les tissus de soie de toute nature ;

3° Les vins ;

4° Les eaux-de-vie.

L'examen rapide du régime économique auquel sont actuellement soumis les principaux articles compris sous les quatre classifications qui précèdent, la vérification, à l'égard de chacune d'elles, de l'importance de nos exportations en Angleterre , peuvent seuls faire apprécier la portée des stipulations intervenues et démontrer la légitimité de nos espérances dans l'avenir.

II.

Notre commerce spécial d'exportation en Angleterre s'est élevé , pour l'année 1858 (valeurs actuelles), à la somme de 426 millions. Les produits naturels représentent 206 millions et les objets manufacturés 220 millions. Ce dernier chiffre comprend : 1° Les articles d'orfévrerie et de bijouterie actuellement grevés d'un droit *ad valorem* de 10 °/₀, pour 6 millions ; 2° les ouvrages en peau, grevés de droits compliqués qui varient de 1 à 10 °/₀, pour 32 millions, y compris les peaux préparées, qui sont exemptes de droit ; 3° les ouvrages en bronze ou en imitation de bronze, assujettis à une taxe de 24 fr. 60 c. par 100 kilogrammes, pour 4 millions ; 4° les modes et les fleurs artificielles, frappées d'un droit de 50 fr. 40 c. par mètre cube à l'emballage, et les plumes de parure apprêtées, tarifiées à 8 fr. 27 c. le kilogramme, pour 3,500,000 fr. ; 5° une série d'autres articles tels que l'horlogerie, la tabletterie, la parfumerie, les gants, les nombreux articles de l'industrie parisienne, admis jusqu'à ce jour à des droits moyens qui varient de 5 à 10 °/₀, pour une somme non inférieure à 15 ou 18 millions.

Or, tous ces objets manufacturés, qui représentent dans le mouvement de notre exportation pour la Grande-Bretagne au moins 60 millions, seront admis, à partir du 1er avril prochain , à des droits inférieurs de moitié à ceux actuels. Dans deux ans au plus tard, ces articles seront importés en franchise absolue, exempts de toute perception fiscale et de toutes formalités douanières toujours dispendieuses , sauf toutefois l'orfévrerie qui paiera un droit représentatif du droit de marque auquel est assujettie l'orfévrerie anglaise.

Ainsi notre bijouterie, si recherchée pour l'élégance de ses formes et la délicatesse de son travail, pourra faire une redoutable concurrence aux ouvrages moins élégants, moins habilement montés, qui sortent des mains des joaillers anglais. Les bronzes que l'habileté de nos fabricants transforme en objets d'art, les articles d'ornement en fer et en acier, la bimbeloterie, la tabletterie, la maroquinerie, les modes, en un mot toutes les nouveautés qu'enfante la fantaisie parisienne et dont les grandes expositions de 1851 et 1855 n'ont fait qu'accroître la vogue en Angleterre, seront, à une époque prochaine, rayés de la liste des produits imposés.

De telles dispositions seront nécessairement populaires; l'industrie de Paris, qui emploie 15 à 16,000 ouvrières à la fabrication des fleurs artificielles et des objets de mode ou à la préparation des plumes de parure, qui utilise 40,000 ouvriers à la confection d'objets d'une variété infinie et d'un goût inimitable ; la ganterie du département de l'Isère, qui a étendu ses relations bien au delà de nos frontières, trouveront dans ces débouchés sans entraves de nouveaux éléments de travail et de richesse, et donneront un nouvel essor à nos relations internationales.

III.

Les articles que nous venons d'énumérer ne représentent pas, à l'égard des objets manufacturés, l'élément principal du Traité intervenu avec la Grande-Bretagne.

Les droits fixés par les tarifs anglais sur les soieries varient de 5 à 15 °/₀. Ils ont produit en 1857 au trésor britannique un revenu de 6,275,000 fr.

Nos exportations en Angleterre, pour cet article seul, se sont élevées en 1858 à la somme considérable de 104,000,000 de francs (cent quatre millions).

Lors des négociations de 1853, nous avions demandé et nous n'espérions pas obtenir la réduction des droits sur les soieries au taux maximum de 10 °/₀ *ad valorem*. Sous l'impression des longues luttes soutenues par cette spécialité de l'industrie anglaise, tantôt pour résister à la levée de la prohibition, tantôt pour éviter des abaissements de tarifs, nous comprenions tout ce que pouvait avoir de redoutable la concurrence, sans protection, avec notre magnifique industrie de Lyon et de Saint-Étienne dont le monde civilisé admire les produits.

Le Traité stipule l'admission en franchise absolue de tous les tissus de soie. Le cabinet de Saint-James n'aura pas pour cette concession à apaiser les inquiétudes ou à combattre les réclamations des fabricants de soieries. Ceux de Manchester ont constaté depuis longtemps qu'à chaque abaissement de tarif et à chaque effort nouveau exigé de leur énergie, leur fabrication a augmenté et leur commerce intérieur et extérieur s'est développé. Aussi demandaient-ils à une date récente au Parlement anglais l'admission en franchise de tous les tissus de soie de fabrique étrangère ; l'existence de ces droits n'était à leurs yeux qu'une accusation permanente d'infériorité et une cause de dépréciation de leurs produits sur les marchés étrangers.

Combien ce désir de lutte est éloigné des défiances inquiètes de quelques industriels français, défiances augmentées par les doctrines excessives dont ils ont été nourris pendant quarante ans ! Quoi qu'il en soit, la rare perfection des produits de cette branche industrielle, qui a grandi à l'abri d'un régime libéral et qui est l'une de nos gloires, nous assure les plus précieux débouchés sur un marché que sa richesse rend accessible à tous les articles de luxe.

IV.

L'exportation de nos produits naturels obtient du Traité du 23 janvier des avantages non moins considérables. Le droit à l'importation des vins en Angleterre est encore aujourd'hui de 151 fr. 33 c. par hectolitre, c'est-à-dire d'environ 300 °/o de la valeur moyenne du vin en France.

Aussi nos exportations n'ont-elles pour objet que des vins de qualité supérieure et ne font-elles que des progrès insensibles, si même elles ne restent stationnaires. De 1827 à 1858 elles se sont élevées du chiffre de 29,000 à celui de 44,000 hectolitres et représentent une valeur actuelle de 15 millions. Nous fournissons à la Grande-Bretagne environ un sixième de sa consommation, qui a été en 1858 de 271,000 hectolitres[1].

L'administration financière de l'Angleterre s'était constamment refusée à provoquer la réduction du droit sur les vins, moins dans une pensée de protection pour les brasseries et les distilleries indigènes, que dans un but fiscal. Elle considérait le vin comme un objet de luxe exclusivement réservé aux classes riches, et croyait qu'un abaissement de tarif ne déterminerait qu'une augmentation peu sensible pour la consommation, et dès lors une perte sèche pour l'échiquier.

Ce qui pouvait être exact pour une réduction insignifiante ne l'était pas pour un dégrèvement considérable. Aussi demandions-nous, dès 1853, que le droit fût réduit des quatre cinquièmes, c'est-à-dire fixé à 1 shilling ou 28 fr. par hectolitre. Cette combinaison est acceptée aujourd'hui par les plénipotentiaires de la Grande-Bretagne.

De 5 shillings par gallon la taxe est immédiatement réduite

---

[1] Il convient de remarquer que l'année 1858 a vu décroître dans une forte proportion l'importation du vin en Angleterre. Le chiffre, en 1857, avait été de 487,000 hectolitres.

à 3. Dans quatorze mois le droit sera réduit à 1 shilling pour les vins contenant moins de 15 °/₀ à l'épreuve. Ce droit constitue la taxe normale pour les vins français. S'il s'élève par une gradation modérée jusqu'à 2 shillings, proportionnellement à la quantité de spiritueux contenue dans le vin, cette gradation a pour seul but d'éviter au trésor britannique les conséquences de l'importation des vins fortement alcoolisés, dont la distillation pourrait faciliter une fraude au droit de douane ou d'accise sur les eaux-de-vie.

Une si large réduction dépassera certainement les espérances de nos contrées viticoles; elle était nécessaire pour opérer une révolution dans les habitudes du public anglais et populariser l'usage des vins de France dans le royaume uni.

Depuis de longues années, le vin, cette boisson que son abondance et son prix mettent à la portée de presque tous en France, est exclusivement accessible aux classes riches en Angleterre. Les autres sont obligées de s'en abstenir à raison de l'élévation des prix. Les raisonnements n'ont pas fait défaut pour justifier cette injuste exclusion. La population anglaise n'a pas le goût du vin, a-t-on dit, elle lui préfère les boissons chaudes, la bière et même toutes les liqueurs connues sous le nom de *british wine* ou *fruit wine*, et que l'on obtient par la fermentation de grains ou de fruits avariés.

De telles objections ne résistent pas à l'examen. Comment le peuple anglais aurait-il manifesté ses sentiments de préférence, puisque l'élévation du droit fiscal ne lui permettait pas de faire de comparaison? Comment peut-on supposer que, ramenées par la libéralité du nouveau tarif à des prix souvent inférieurs à ceux des boissons frelatées, les boissons naturelles ne seront pas reconnues meilleures au goût et plus avantageuses à la santé? Évidemment le régime économique a été la cause directe et absolue qui a circonscrit et contenu dans les proportions les plus minimes la consommation du vin dans le royaume uni.

Il suffit, pour s'en convaincre, de vérifier quelle est, par tête et par an, la consommation du vin dans les principaux États de l'Europe.

En voici le tableau :

Autriche	57 litres.
Espagne	33 —
Portugal	100 —
Suisse.	56 —
France	100 —
Angleterre	1 — 0,13

N'est-il pas évident qu'une énorme réduction du prix doit faire pénétrer progressivement l'usage de nos vins dans des classes de consommateurs qui aujourd'hui ignorent presque entièrement le goût et la qualité de nos produits? Notre sol a été si richement doté par la nature qu'il peut fournir des vins pour toutes les fortunes et pour tous les climats.

La puissance productive de ceux de nos départements qui cultivent la vigne est d'ailleurs assez grande pour satisfaire aux exigences d'une consommation croissante.

Cette stipulation du Traité est donc un grand fait économique qui peut exercer l'action la plus sérieuse sur la richesse agricole de la France. Elle se combine, d'ailleurs, avec une autre non moins efficace et non moins féconde, la clause relative à l'exportation des eaux-de-vie de France.

V.

La consommation des spiritueux a été dans le royaume uni, pendant la période quinquennale de 1854 à 1858, de 143,123,000 gallons, soit 6,498,000 hectolitres.

Les spiritueux étrangers ne figurent dans ces chiffres que

pour la modique quantité de 8,902,000 gallons ou 404,000 hectolitres. La consommation des spiritueux est d'ailleurs progressive dans la Grande-Bretagne. Elle s'est élevée à 1,283,000 hectolitres en 1858, et la France a importé pendant cette année 47,387 hectolitres, représentant une valeur de près de 17 millions de francs.

Ce chiffre si faible paraîtra encore considérable si on se rappelle les conditions si différentes que fait la législation de la Grande-Bretagne aux spiritueux de fabrication nationale et aux spiritueux étrangers. Le droit qui grève ces derniers est de 15 shillings par gallon ou 412 fr. 72 c. par hectolitre. Il était, il y a peu d'années, de 619 fr. par hectolitre, et depuis ce premier dégrèvement notre importation en eau-de-vie a augmenté de 50 °/₀.

Le droit d'accise sur les spiritueux de fabrication nationale est de 8 shillings seulement par gallon, soit 218 fr. 10 c. par hectolitre.

Or, le nouveau régime placera nos importateurs dans des conditions de rigoureuse égalité avec les distillateurs anglais.

Le droit de douane inscrit au tarif britannique ne sera plus un droit de protection, mais un simple impôt de consommation, égal à celui perçu sur les produits indigènes.

La surtaxe de 2 pence ou 20 c. par gallon n'est rien autre chose que la représentation d'une charge imposée aux producteurs indigènes par le mode de perception de l'accise [1].

[1] L'art. 7 du Traité avait posé le principe que les droits à l'importation *pourraient être augmentés des sommes qui représenteraient les frais occasionnés aux producteurs britanniques par le système de l'accise.* Cette charge avait été évaluée par l'art. 8 à 2 pence par gallon d'eau-de-vie. Un examen plus approfondi a fait reconnaître que cette charge devait être évaluée à 5 pence, et a motivé l'article additionnel au Traité, intervenu le 25 février dernier. D'autre part, par suite des résolutions adoptées par le Parlement britannique, l'échelle qui fixe la quotité des

Nous sommes convaincus, Sire, que ces conditions nouvelles et libérales ouvrent les plus larges débouchés à nos spiritueux des Charente et du Midi.

Nos espérances ne reposent pas sur les mêmes considérations que celles que nous invoquions à l'égard des vins. Il ne s'agit pas de modifier des goûts et des habitudes anciens, de provoquer par des abaissements considérables de prix le développement d'une consommation restreinte jusqu'à ce jour. Il s'agit seulement de faire entrer les produits français en sérieuse concurrence avec les produits similaires de la Grande-Bretagne. Une expérience prochaine fera connaître dans quelle proportion la production française pourra contribuer à l'approvisionnement de ce marché nouveau; mais y aurait-il quelque illusion à espérer que les eaux-de-vie de vin se substitueront, dans une large mesure, au gin, au whisky et à toutes les liqueurs qui s'obtiennent par la distillation des grains?

VI.

L'ensemble de ces dispositions sera le point de départ de relations commerciales plus vives et plus fécondes entre les deux pays. Le passé est ici une garantie de l'avenir. Depuis que la Grande-Bretagne a commencé ses réformes douanières sur les objets manufacturés, c'est-à-dire depuis 1825, le mouvement de nos exportations en Angleterre des articles de cette nature s'est accru de 24 à 220 millions ou de 900 %, et certes nul n'allèguera que la prospérité du royaume uni ait eu à souf-

droits à l'importation des vins de France a été améliorée en ce sens que le droit d'un shilling s'appliquera, non plus aux vins contenant moins de 15 % à l'épreuve, mais aux vins contenant moins de 18 %. En outre, les droits à l'importation sur les papiers de tenture et sur le carton disparaîtront par suite de la suppression du droit d'accise sur ces produits.

frir de ce développement progressif de nos exportations : tant il est vrai que cette vaste circulation qui s'effectue à travers les mille canaux du commerce et de l'industrie dément toujours d'égoïstes alarmes et répand partout la richesse et la fertilité !

Les admissions en franchise et les réductions proposées par le Traité touchent à une masse d'articles représentant 240 millions dans les 426 qui constituent, pour 1858, le chiffre de nos exportations dans la Grande-Bretagne. Pourquoi la loi de progression que nous venons de rappeler ne règlerait-elle pas nos relations ultérieures avec la Grande-Bretagne? Comment pourrions-nous douter de ce que la logique et l'expérience enseignent et consacrent?

Tarif français.

I.

Nous abordons, Sire, les modifications apportées au tarif français. Elles peuvent se résumer ainsi :

1º Levée des prohibitions;

2º Remplacement de ces prohibitions par des droits qui ne pourront excéder, en aucun cas, 30 °/₀ de la valeur pendant la première période du Traité, et 25 °/₀ pendant la seconde qui commence le premier octobre 1864;

3º Remaniement des tarifs grevant certains articles non prohibés et dont la plupart n'atteignent pas aujourd'hui la limite maximum que nous venons d'indiquer;

4º Diminution des droits sur la houille et le coke;

5º Réduction des droits actuels sur les fontes, les fers et les aciers.

II.

Presque inconnues dans le célèbre tarif de 1664, préparé

par Colbert, édictées par la loi de brumaire an V comme une mesure temporaire que le retour de la paix devait faire disparaître, les prohibitions ont été condamnées par tous les gouvernements qui depuis plus de trente ans se sont succédé en France. Bien que les efforts faits en 1816, en 1834, en 1846, en 1852 et en 1856 pour affranchir notre commerce de cette législation enfantée par les malheurs de la guerre aient été stériles, cette conviction soutenue, persistante, de pouvoirs d'origines diverses, doit produire une impression sérieuse sur les esprits sincères et consciencieux. C'est qu'en effet, placés par les correspondances des agents consulaires au milieu de ce grand mouvement de relations commerciales qui constitue la vie, la richesse, la civilisation des peuples, mouvement qui ne représente pas aujourd'hui une circulation annuelle inférieure à 20 milliards; désintéressés de tout calcul privé ou égoïste, ou plutôt uniquement préoccupés du développement des richesses de leur pays et du bien-être des populations, les gouvernements sont en position de juger avec impartialité ces graves questions économiques et de leur donner les solutions les plus favorables aux intérêts publics.

Quelle que soit la valeur de ces considérations, nous n'hésitons pas à dire que la levée des prohibitions douanières est justifiée à la fois :

Par les principes;

Par les faits relatifs à l'industrie française;

Par ceux que nous révèlent les industries étrangères.

III.

Les principes, Votre Majesté les a proclamés avec l'autorité qui appartient à un grand souverain : « Il faut multiplier les « moyens d'échange pour rendre le commerce florissant; sans « concurrence l'industrie reste stationnaire et conserve des

« prix élevés qui s'opposent aux progrès de la consommation. »
Or, les prohibitions, que sont-elles, si ce n'est la paralysie de
tout mouvement commercial de l'extérieur à l'intérieur et l'af-
faiblissement de la concurrence qui, dans cette double mani-
festation de la vie commerciale des peuples, *l'importation et
l'exportation*, n'est vraie, complète, sincère, qu'à la condition
d'être internationale?

A l'égard des objets manufacturés, quels sont donc les moyens
d'échange que notre législation douanière laisse vis-à-vis de
nous à la Grande-Bretagne? Quelle est l'intensité, de la part
de l'Angleterre, de cette concurrence destinée à maintenir la
modération des prix et à empêcher leur élévation factice ou
accidentelle? Nos états de douanes indiquent pour 1858 une
importation en France par l'Angleterre d'articles fabriqués représentant une valeur de 18 1/2 millions, répartis sur un grand
nombre de produits, tandis que les exportations de la France
pour la Grande-Bretagne, pendant la même année, s'élèvent,
en objets manufacturés, à 220 millions. Ainsi l'Angleterre en-
voie à la France une valeur, en articles fabriqués, douze fois
moindre que celle qu'elle lui achète. Est-ce là une base sérieuse
à des relations commerciales entre deux grands peuples? Peut-
on attribuer à cette importation restreinte, qui représente à
peine la soixantième partie non de notre production manufacturière intérieure, mais de nos exportations en objets manufacturés, peut-on, disons-nous, lui attribuer ou lui reconnaître
l'efficacité nécessaire pour aiguillonner l'industrie nationale,
pour la décider à abandonner son outillage arriéré, à employer
ces machines perfectionnées qui ménagent les forces humaines
et semblent avoir conservé dans leur merveilleux organisme
une partie du génie de celui qui les inventa? Peut-on atteindre
ce but que Votre Majesté poursuit au profit du grand nombre,
le bon marché des choses nécessaires à l'habitation, à l'habillement de l'agriculteur, de l'artisan, de l'ouvrier?

Et cependant les prohibitions, les tarifs assez élevés pour devenir prohibitifs, ne constituent qu'une charge ou qu'un impôt grevant la masse des consommateurs, non au profit de l'État, mais au profit des manufactures. Ils ne se justifient que comme une transaction temporaire qui impose à tous des sacrifices exceptionnels, en échange de l'espérance légitime et certaine d'un abaissement graduel dans les prix de consommation. Que si la transaction, par son défaut d'équilibre et de mesure, favorise les hausses de prix, vient en aide à certaines inerties et conduit à cet étrange résultat que la même marchandise est notoirement plus chère en France qu'elle ne l'est dans les autres pays, les règles les plus élémentaires de justice et de haute équité ne sont-elles pas violées?

Or, qui ignore que l'industrie française a été conduite, par les exagérations du régime économique qu'on défend en son nom, à vendre en France ses produits à un prix beaucoup plus élevé que celui auquel elle les vend sur les marchés étrangers? Lorsqu'une législation conduit à des conséquences aussi préjudiciables à la consommation indigène, la réforme n'est pas seulement utile, elle est inévitable.

IV.

Aussi bien, ceux-là même qui ont apporté dans l'examen de ces problèmes économiques l'esprit le plus sympathique au maintien du système actuel, ne disaient-ils pas, dès 1834, que « l'emploi du tarif, bon *temporairement*, doit finir quand l'édu-.« cation de l'industrie est finie, quand elle est adulte.....; que « toute industrie qui a atteint sa croissance doit cesser d'être « protégée..... »

Or, ramenée à ces termes, la question n'est plus qu'une question de fait qui se pose ainsi : Le degré de virilité auquel est parvenue l'industrie française autorise-t-il et la levée des prohibitions et leur remplacement par des tarifs modérés?

Interrogeons les faits, non ceux relatifs au commerce intérieur, puisque la lutte avec les produits étrangers n'est pas encore établie, mais ceux relatifs à notre commerce extérieur que
ne règle ni ne protége notre législation douanière.

La totalité de nos exportations pour 1858 s'est élevée, au
commerce spécial, à 1887 millions (valeurs actuelles).

Quelle est dans cet ensemble de nos opérations commerciales
l'importance de nos exportations d'articles dont les similaires
sont prohibés en France?

En voici le tableau:

	Millions de fr.	
Tissus de laine.	151	4
— de coton [1]	67	5
— de soie [2].	8	5
— de poil et de crin	0	3
Fils de laine et de coton	6	4
Linge et habillement	46	8
Peaux préparées et ouvrées	70	5
Sucre raffiné	49	8
Ouvrages en métaux	34	0
Poterie et verrerie.	7	1
Médicaments composés	9	2
Produits chimiques	8	6
Garancine	9	0
Savon.	7	3
A reporter	476	4

[1] L'exportation pour l'Algérie et pour nos colonies figure pour 21 millions dans ce chiffre de 67 millions.

[2] On sait que nous exportons pour bien plus de 8 1/2 millions de soieries (pour 379 millions en 1858); mais il est entendu qu'on ne fait
figurer ici que les valeurs applicables aux spécialités de l'article dont
nous prohibons les similaires. Cette observation concerne également la
plupart des autres marchandises.

Millions de fr.

Report .	476	4
Coutellerie	2	5
Tabletterie	2	7
Plaqués	0	4
Voitures	2	4
	484	4[1]

Ainsi les articles dont nous prohibons les similaires en France représentent plus du quart de nos exportations totales. N'y a-t-il pas, aux yeux des hommes sincères et que ne séduisent pas de vains sophismes, un signe de virilité et de force dans ces ventes considérables faites par nos industriels sur les marchés étrangers, en pleine et libre concurrence avec tous les produits industriels des autres nations, faites souvent même en concurrence avec les produits protégés de la nation chez

[1] Si l'on étudie nos exportations en Angleterre d'articles dont nous prohibons les similaires en France, la démonstration n'est ni moins nette ni moins rassurante; nous donnons la nomenclature des principaux articles :

Millions de fr.

Tissu de laine	26	7
— de coton	4	2
— de soie (tulle)	0	5
Fils de laine et de coton	0	4
Linge et habillements	3	5
Peaux préparées et ouvrées	20	2
Sucre raffiné	3	6
Ouvrages en métaux	2	6
Poteries et verreries	0	6
Garancine	2	0
Savon	0	3
Produits chimiques	0	5
Médicaments composés	0	5
Tabletteries	0	4
	66	»

laquelle ils importent, malgré des frais toujours élevés de transport et les risques d'un crédit commercial difficile à vérifier? Quelle contradiction plus flagrante peut se produire entre les réalités de l'industrie et la législation qui la régit? Comment la concurrence internationale, modérée par des tarifs, pourrait-elle être désastreuse sur le marché français pour nos industriels, lorsque ceux-ci affrontent sans péril et avec avantage la concurrence libre sur des marchés étrangers?

V.

Nous avons dit que la situation des autres puissances apportait un nouvel et précieux élément à l'appui de nos convictions. Et, en effet, les autres nations, bien moins avancées que nous dans toutes les branches d'industrie et de commerce, ont réformé courageusement et depuis plusieurs années leur régime économique, et toutes ont vu grandir, à chaque réforme, leur industrie nationale et leurs relations commerciales avec les autres peuples. Pour toutes, l'expérience a donné un éclat nouveau à cette vérité, qu'au-dessus de la concurrence intérieure dont nous ne dénions ni les grands résultats ni les bienfaits, la concurrence internationale révèle des forces, met en mouvement des intelligences et des activités qui, sans elle, seraient restées inertes, impuissantes, ignorées de ceux-là même qui sont appelés à en enrichir le pays.

VI.

Nous avons examiné la levée des prohibitions au point de vue exclusif de l'industrie. Elle intéresse cependant aussi la moralité publique. Nous nous contenterons d'indiquer ce côté de la question en rappelant les paroles prononcées, il y a vingt-cinq ans, par un homme d'État à la tribune française : «Supprimer les prohibitions, disait-il, c'est remplacer une importation frauduleuse et stérile par une importation loyale et productive. Il y a là profit pour tout le monde : pour l'État, qui recueille le produit des droits ; pour le commerce, qui n'est plus tenté d'employer les voies illicites ; pour la morale publique, qui souffre toujours de cette provocation continuelle que des lois trop rigoureuses adressent à la fraude. »

Lorsque ces paroles étaient prononcées, la thèse se présentait dépouillée de toute mesure de transition, de tout ménagement, de toute compensation. Aujourd'hui elle est solidaire de ce grand ensemble de mesures dont Votre Majesté a posé les bases, et qui, toutes, doivent ouvrir des sources nouvelles de prospérité à l'agriculture, au commerce et à l'industrie. La levée des prohibitions est compensée, pour ainsi dire, par les sacrifices que s'impose le Trésor public de tous les droits sur les matières premières, et par une concurrence plus énergique établie sur le prix des houilles ; par l'abaissement graduel du prix des denrées de grande consommation, et par l'exécution de ces grands travaux publics destinés à rendre plus facile et moins coûteuse la circulation des matières qu'emploie l'industrie, comme des articles qu'elle produit, travaux qui auront pour résultat de développer l'activité et de vivifier la richesse dans tous nos centres manufacturiers.

VII.

Si nous cédions à nos impressions personnelles peut-être ne pousserions-nous pas plus loin l'examen de cette théorie des prohibitions, qui ne compte plus, il faut bien le reconnaître, que de rares défenseurs dans le pays ; cependant, comme Votre Majesté a reçu de la Constitution la prérogative souveraine de donner force de loi aux Traités de commerce qu'elle revêt de sa ratification, nous éprouvons quelques scrupules à laisser sans réponse quelques-unes des objections soulevées au nom des partisans du maintien des prohibitions.

Ces objections se résument dans trois principales :

1° Inoffensive pendant les temps normaux, la levée des prohibitions exposera l'industrie française, au moment des crises commerciales, à une véritable invasion des produits britanniques. Cette invasion amènera d'irréparables désastres pour les chefs d'industrie et pour les classes ouvrières, dont le bien-être est solidaire de celui de l'industrie elle-même. A l'appui de ces appréhension, on évoque le souvenir du Traité de 1786 et des funestes conséquences qu'il aurait eues pour l'industrie française.

2° Les prohibitions ne pourraient être remplacées que par des tarifs élevés ; or, des droits considérables sont un encouragement à la contrebande. Sans doute, la prohibition ne paralyse pas ce commerce interlope, mais le droit de perquisition qui fait partie de ce système a une double valeur, comminatoire et effective.

3° Ces tarifs, d'ailleurs, ne seront-ils pas exposés à une instabilité inquiétante pour les capitaux, décourageante pour les entreprises industrielles? Un simple décret ne pourra-t-il pas en venir troubler l'économie de la manière la plus imprévue et la plus funeste?

VIII.

Les réponses nous semblent faciles :

Si la France était la première à entrer dans cette voie des réformes, la logique des raisonnements pourrait laisser quelque incertitude dans les esprits; mais nous avons été devancés dans la carrière par presque toutes les autres nations; les mêmes préoccupations se sont produites, les mêmes craintes ont été manifestées. Les industries ont prédit leur ruine et ont abrité leurs intérêts derrière ces sympathies si profondes et si légitimes que doit exciter le sort des populations laborieuses. Quels ont été les enseignements de l'expérience et du temps? Si le péril signalé eût été sérieux, il aurait dû se réaliser déjà plusieurs fois sur les marchés ouverts à l'importation des marchandises britanniques et se manifester avec une intensité d'autant plus grande que le nombre de ces marchés était plus restreint. Or, qu'on interroge, non pas quelques faits accidentels bruyamment exploités ou certaines opérations insignifiantes et dues à des circonstances particulières, mais l'ensemble des mouvements commerciaux. Qu'on étudie les états de la douane anglaise, notamment pendant la longue crise commerciale qui s'est manifestée en 1857 ; on verra combien a été considérable l'abaissement des exportations britanniques comparativement aux temps normaux.

En France, si restrictif que soit notre système économique, tous les objets manufacturés ne sont pas placés sous le régime de la prohibition. Les époques de malaise commercial ont-elles donné à l'importation des marchandises non prohibées un développement exceptionnel et ruineux? Qu'on parcoure les volumineux documents de nos douanes; qu'on se livre à de patientes investigations des chiffres que ces documents contiennent, et qui ne sont rien autre chose que l'histoire de nos relations internationales ; leur examen démontrera bien vite l'inanité de ces alarmes.

Rappelons d'autres faits :

Lorsque, malgré d'ardentes résistances, la législation française levait la prohibition sur les fils de coton n° 143 métrique et au-dessus, l'industrie de la filature ne devait-elle pas être ruinée par cette imprudente innovation qui allait permettre à l'industrie anglaise des importations en masse à des prix désastreux pour une loyale concurrence?

Les colonnes du *Moniteur* ont enregistré ces inquiétudes et ces fâcheuses prédictions; le temps a prononcé; ces pronostics funestes se sont-ils réalisés? Qu'on nous cite les dates, les époques de ces invasions. La vérité est qu'après une importation modérée de fils anglais pendant deux ou trois ans, la fabrication nationale est restée maîtresse du marché intérieur et n'a été troublée à aucune époque dans la quiétude de sa possession.

Les mêmes appréhensions n'étaient-elles pas formulées encore lors de la discussion de la loi relative au régime écönomique de l'Algérie? Cette législation a repoussé la théorie des prohibitions. Les manufacturiers français déclaraient perdu pour eux le marché de notre possession africaine. Toutes ces assertions ont été démenties et renversées par les faits. Notre industrie fournit seule à l'Afrique française les tissus de coton qu'elle consomme; à peine nos états de douane constatent-ils quelques rares importations étrangères.

C'est qu'en effet, pour peu qu'on y réfléchisse, la raison de ces résultats commerciaux apparaît avec une souveraine évidence. L'avilissement de la marchandise n'est dû qu'à la rareté de la demande. Peu importe que les vendeurs soient nombreux si les acheteurs sont rares. Or, dans les temps de crise, il n'y a pas d'acheteurs. La défiance est un mal contagieux, comme la confiance est un bien qui se communique. Lorsque ces crises pour ainsi dire périodiques et dont les causes générales sont si nombreuses et souvent si diverses viennent atteindre et suspendre la vitalité commerciale des peuples, l'argent se refuse, la consommation intérieure se resserre, et l'exportation devient languissante.

Nous ne voulons pas réveiller ici les controverses soulevées par le Traité du 26 septembre 1786. Qu'il nous suffise de dire que cette comparaison méconnaît les temps, les conditions et les faits. La nation française était, à cette époque, voisine de ces grandes épreuves politiques et sociales qui devaient amonceler tant de ruines ; les premiers ébranlements de cette commotion se faisaient sentir dans toutes les parties de l'édifice. Le pouvoir luttait impuissant contre le désordre des finances de l'État, et ce désordre affectait profondément la richesse publique.

Les tarifs réciproquement acceptés variaient entre 10 et 12 °/₀ de la valeur pour toutes les marchandises, sans distinction aucune, et pendant la durée, d'ailleurs si éphémère, de cette convention, l'organisation défectueuse des douanes avait réduit la perception des taxes à 3 ou 4 °/₀ de la valeur de l'objet importé.

Aujourd'hui, nous sommes en possession de ces précieuses conquêtes qui ont coûté si cher à nos pères : la liberté civile, l'égalité politique, la libre concurrence intérieure de l'industrie et du commerce. Le succès de la nouvelle convention commerciale intervenue entre les deux grandes puissances a pour garants d'incontestables éléments de sécurité publique, de prospérité générale et de force industrielle. Nos produits sont admis en franchise sur le marché anglais, pendant que les droits qui pourront s'élever jusqu'au maximum de 30 ou de 25 °/₀ grèveront les importations étrangères. Enfin l'expérience et l'aptitude de l'administration des douanes promettent, à l'application des nouveaux tarifs, la plus sévère impartialité.

IX.

On regrette l'abandon du droit de perquisition encore inscrit dans notre code des douanes, droit auquel on attache une valeur comminatoire et effective. Sans nous demander si nos mœurs actuelles comportent ces mesures inquisitoriales, incompatibles avec le respect dont la législation a entouré le domicile du citoyen, nous pouvons constater l'inutilité à peu

près complète de cette faculté entre les mains de l'administration, nous pouvons même ajouter que son exercice fait souvent
courir à l'État le risque de véritables spoliations, tant est devenue difficile la distinction entre la marchandise prohibée et
la marchandise d'origine nationale.

X.

Les craintes d'instabilité, dans les tarifs nouveaux, ne
viennent que d'une fausse interprétation de notre législation
économique et d'une injuste défiance envers l'administration.

Votre gouvernement n'ignore pas, Sire, qu'il y a un égal
péril pour les intérêts publics à modifier incessamment, et
avec une sorte de précipitation, les tarifs de douane, ou à les
immobiliser indéfiniment. Les difficultés de la route à par-
courir ne peuvent être aplanies que lentement, les réformes
qui veulent se passer de la consécration de l'expérience et du
temps restent impuissantes. Aucun des membres de votre gouvernement ne s'exposera à méconnaître ces vérités fondamentales. Au reste, la loi du 17 décembre 1814 a limité à des
circonstances déterminées, et *seulement aux matières premières
nécessaires aux manufactures;* les décrets d'initiative du pouvoir exécutif; les tarifs sur les objets manufacturés, ne peuvent
être modifiés que par le concours de tous les pouvoirs publics.
Quelles chances sérieuses à la surprise et à l'imprévoyance
peut laisser cette lente et attentive élaboration des lois de l'État
organisée par la constitution de l'empire !

XI.

Le traité stipule que tous les articles énumérés dans l'art. 1er
ne pourront être grevés de droits *ad valorem* supérieurs à
30 %, les deux décimes additionnels compris, jusqu'au
1er octobre 1864, et à 25 % à partir de cette époque. Il prend

toutes les précautions propres à assurer la sincérité des évaluations qui doivent servir de base à l'établissement de ces droits. La valeur de l'objet importé sera calculée au lieu d'origine ou de fabrication; pour éviter les conséquences des variations incessantes du marché, elle sera calculée sur les prix aujourd'hui connus et à l'abri de toute controverse qui ont existé pendant les six mois antérieurs au 23 janvier. Cette valeur, ainsi déterminée, sera augmentée de tous les frais de transport, d'embarquement, de débarquement, de commission et d'assurances dont la marchandise aura été grevée jusqu'à son arrivée au port français.

C'est sur l'ensemble de ces chiffres que sera calculé le droit *ad valorem*. Ces bases ne sauraient soulever aucune critique, elles sont constamment appliquées par la législation française dans toutes les perceptions de droits établis à la valeur.

Au reste, les négociateurs des deux puissances ont compris combien était incertain et délicat pour le commerce ce mode de perception. Ils ont stipulé qu'une convention supplémentaire convertirait les droits *ad valorem* en droits spécifiques, avant le 1er juillet 1860. Nous devons espérer que l'accord s'établira sur tous les articles, au moins sur presque tous, et que dès lors les perceptions de droits sur la valeur déclarée ne constitueront dans nos tarifs que la plus rare exception.

La volonté de Votre Majesté est que cette conversion en droits spécifiques soit précédée d'une enquête approfondie et minutieuse; le ministre du commerce prendra très-prochainement les mesures nécessaires pour commencer cette grande information.

XII.

Quant à présent, le seul point que nous ayons à examiner est celui de savoir si les deux limites *maxima* de 30 et de 25 % successivement applicables aux marchandises prohibées jusqu'à ce jour et à leurs similaires non prohibés ont été sagement établies.

Pour fixer nos convictions à cet égard, nous ne nous sommes pas livrés, sur le prix de revient de chaque article, à des études hérissées de détails et de contradictions qui sont bien rarement un guide sûr pour les convictions. Nous avons envisagé les conditions fondamentales de la production dans notre pays, sans négliger les différences topographiques que n'effacent pas les doctrines, mais en ayant le sentiment profond de la virilité de notre industrie et une légitime confiance dans sa force et dans sa perfectibilité.

Nous n'hésitons pas à dire dès l'abord, que pour le plus grand nombre des articles énumérés dans le Traité, l'application de ces limites *maxima* serait absolument inutile, stériliserait les pensées de réforme proclamées par Votre Majesté et substituerait à la levée des prohibitions des droits protecteurs qui n'en seraient que la puérile synonymie. Mais l'enquête qui va avoir lieu, nous guidera dans les gradations à établir, et mettra l'administration publique en position d'éviter dans ses propositions au gouvernement anglais les insuffisances et les exagérations.

Si, en dehors des articles auxquels nous venons de faire allusion, nous recherchons quelles sont les causes générales d'infériorité de nos grandes industries textiles vis-à-vis des industries similaires anglaises, nous ne pouvons les rencontrer que dans les éléments suivants :

Matières premières,

Frais de premier établissement,

Capital,

Exploitation,

Main-d'œuvre.

Dégrevés de droits, les cotons en laine ne sont pas plus chers en France qu'en Angleterre ; les entrepôts du Havre et de Liverpool ne signalent pas de différences sensibles. Le prix de la laine ne rencontrera dans les surtaxes de provenance et de pavillon qu'une cause légère de surélévation.

Les frais de premier établissement, eu égard à l'emploi de la fonte et du fer qui entrent dans l'outillage d'une manufacture, sont plus élevés en France qu'en Angleterre ; l'amortissement annuel doit donc être plus élevé dans un pays que dans l'autre. Cette différence est facile à chiffrer :

Le loyer du capital peut être plus élevé pour notre industrie ; cette disproportion est de celles que le développement des relations internationales tend chaque jour à atténuer et à faire disparaître.

L'exploitation quotidienne est grevée par l'emploi de la houille dont le prix est de beaucoup supérieur à celui qui existe en Angleterre. Un comité, défenseur énergique de notre législation douanière actuelle, déterminait, il y a quelques mois, arithmétiquement, l'importance de cette charge ; il établissait que pour 1 kilogramme de coton filé d'une valeur de 3 fr., on dépensait pour 6 1/2 cent. de houille. La valeur de la houille représente donc 2 1/4 °/₀ du prix du coton filé.

Quant à la main-d'œuvre, il est toujours difficile d'établir des termes de comparaison d'une rigoureuse exactitude. Le salaire est sans doute réglé par l'état économique du pays ; mais avant tout il est proportionnel à l'habileté de l'ouvrier ; or, cet élément échappe aux calculs généraux. Toutefois, il est généralement vrai qu'en France la main-d'œuvre est moins chère qu'en Angleterre. L'ouvrier anglais est réputé plus actif, mais son œuvre est moins perfectionnée. De plus, le travail est de soixante heures par semaine dans la Grande-Bretagne, tandis qu'il est de soixante-douze heures en France. L'ensemble de ces faits n'établit donc sur ce point aucune cause d'infériorité pour la production française.

XIII.

L'examen rapide de ces conditions générales de notre industrie comparées avec celles de l'industrie de la Grande-Bretagne, prouve que les sentiments de la plus grande prudence ont dirigé les négociateurs français dans les stipulations du Traité. Cet examen démontre que les reproches qui se sont élevés dans certains centres manufacturiers à la seule nouvelle d'une convention internationale, ont été le fruit de l'irréflexion, de la crédulité, quelquefois même de sentiments et de passions plus blâmables.

Certes, nous reconnaissons franchement, loyalement, que l'esprit de cette convention a été d'ouvrir le marché français à celles des industries de nos voisins qui en étaient jusqu'à ce jour absolument exclues. Mais qu'à la faveur de ces modifications douanières elles réussissent à l'envahir et à l'inonder, c'est ce que nous refusons énergiquement d'admettre.

La concurrence, sagement réglée, produira des effets tout différents de ceux que lui assignent des prévisions pessimistes ; elle agira, nous l'avons dit, comme un stimulant salutaire et non comme une cause de ruine. Ceux-là même qui l'appréhendaient le plus seront les premiers à en recueillir les bénéfices.

L'histoire des réformes commerciales est là pour les instruire et les rassurer. Un court laps de temps ne se sera pas écoulé après l'admission des produits similaires anglais que déjà nos industriels, avec leur vive et prompte intelligence, s'en seront approprié les qualités particulières et le cachet original. Pour eux, imiter, c'est perfectionner et souvent innover. Si, lors de l'exposition de 1855, un coup d'œil rapide, jeté sur le département britannique, leur a suffi pour saisir plus d'un secret de fabrication, à quels progrès ne pourra pas les conduire une étude plus attentive, plus sérieuse et désormais moins désintéressée, de produits qu'ils avaient considérés jusqu'alors comme des spécimens isolés, surtout lorsque, grâce à l'abaissement des droits sur les machines et sur les mécaniques, ils pourront se procurer les appareils et les instruments ingénieux qui servent à les confectionner.

Nos industriels n'attendront pas la date du 1er octobre 1861 pour se livrer à ces essais et à ces perfectionnements. Déjà un grand nombre d'entre eux, plusieurs chambres de commerce, animés du zèle le plus louable, sollicitent et obtiendront certainement de l'administration supérieure l'autorisation d'importer des marchandises anglaises dont ils veulent étudier et imiter la fabrication pour se préparer à soutenir la concurrence.

Sous le rapport de la variété et de la perfection de leurs produits, nos deux grandes industries de la laine et du coton n'ont rien à envier à l'Angleterre. La supériorité de celle-ci n'est réelle que pour certains genres de tissus purs ou mélangés dont les fabricants anglais ont eu jusqu'à ce jour le monopole, et que les besoins de la consommation à bon marché des classes laborieuses, comme les exigences du marché extérieur, particulièrement du marché transatlantique, les ont amenés à produire. Ces étoffes, qui constituent souvent d'heureuses et importantes spécialités, nous sont presque inconnues en France; qu'elles s'introduisent en quantité suffisante pour frapper le regard et exciter l'émulation de nos manufacturiers, de nos contre-maîtres, de nos simples ouvriers, et la spécialité anglaise tombera bientôt dans notre domaine. Les populations ouvrières se vêtiront à meilleur marché et ce sera là un immense bienfait. Nous nous chargerons à notre tour d'approvisionner la consommation étrangère, et nous suivrons nos concurrents sur les marchés dont ils nous ont montré le chemin. Il y a là, pour nos industries textiles, un avenir certain qui les dédommagera du sacrifice momentané et d'ailleurs fort modéré, qui leur est demandé dans l'intérêt général.

XIV.

Ce qui assure à nos industries une compensation non moins avantageuse, c'est l'essor que va prendre la consommation intérieure sous la féconde influence de la paix. Comment nos producteurs ne tiendraient-ils pas compte des besoins nouveaux que l'état avancé de la civilisation fait naître même dans les classes inférieures de la population? Comment ne chercheraient-ils pas à rendre cette consommation progressive en répartissant leurs bénéfices légitimes sur une plus grande masse d'objets produits et en diminuant ainsi le prix de chaque article?

Le spectacle de ce qui se passe à nos frontières n'est-il pas de nature à inspirer aux manufactures françaises la plus juste confiance dans l'avenir?

Ces grandes industries du nord de la France, si promptes à s'émouvoir, ne sont séparées que par une ligne conventionnelle des industries de la Belgique qui ont prospéré d'une manière si prodigieuse sous un régime libéral.

Les provinces de l'Alsace et celles de l'Est, théâtre d'une si grande activité industrielle, sont limitrophes, d'un côté, du Zollverein dont les réformes ont si énergiquement développé la production et les relations commerciales depuis plusieurs années; de l'autre côté, de ces cantons suisses éloignés de toute relation maritime, privés jusqu'à ce jour de bonnes voies de communication, placés sous un régime de liberté commerciale presque complet et qui ont atteint une supériorité et une force industrielle assez grandes pour repousser la puissante Angleterre de plusieurs marchés du monde.

En serait-on réduit à alléguer qu'entre ces populations voisines et amies, Dieu a irrrégulièremeut réparti les forces, les aptitudes et les courages? Il y aurait impiété à le penser. Mais Dieu n'assure les grands et durables succès qu'aux patients efforts, aux puissantes activités. C'est dans ces luttes fécondes que Votre Majesté engage l'industrie française, en la préparant à les soutenir par l'allégement de ses charges, par des prêts temporaires destinés à améliorer le matériel et à transformer les outillages, par ces sollicitudes sympathiques et ces énergiques concours que peut donner l'État dans l'exercice de sa mission tutélaire.

XV.

Les droits actuels sur la houille sont de 3 fr. 60 cent. la tonne, décime compris, lorsque l'importation a lieu par la frontière de mer des Sables-d'Olonne à Dunkerque. Ce droit est de 1 fr. 80 cent. par toutes les autres frontières de terre ou de mer, à l'exception de celles de la Meuse, pour lesquelles le droit est de 1 fr. 20 cent.

Le droit sur le coke est de moitié en sus de celui fixé pour la houille.

Ce système des zones a été depuis longtemps attaqué, notamment par les chambres de commerce de Nantes et de Rouen comme constituant une injuste inégalité entre les citoyens d'un même État. Les défenseurs de ce système soutenaient que les droits avaient été calculés précisément pour maintenir l'égalité entre les nombreux consommateurs de la houille. Ces combinaisons législatives si délicates, si compliquées, si périlleuses ont été et devaient être modifiées et renversées par l'ouverture de nouvelles voies de communication, notamment des chemins de fer, et par les tarifs différentiels que les compagnies ont dû adopter pour développer la consommation.

Le Traité place sous le même régime la houille et le coke.

Si ce dernier combustible a une plus grande valeur, il ne semble pas pour cela comporter l'établissement de droits plus élevés, car il est à la fois plus encombrant et d'un transport plus coûteux et plus difficile.

La convention remplace le droit de 3 fr. 60 cent. par celui de 1 fr. 80 cent., et décide que d'ici à quatre années la houille et le coke paieront un droit unique par toutes les frontières de terre et de mer.

XVI.

Ces dispositions seront accueillies avec reconnaissance par toutes les industries. Elles ne nuiront à aucun degré aux intérêts légitimes de la production houillère en France. Et d'abord, il est de toute évidence que la modification consentie intéresse exclusivement les houillères du Nord au profit desquelles avait été établie, dans l'origine, la zone supprimée aujourd'hui.

Or, les houillères anciennes d'Anzin, les houillères plus récentes du Pas-de-Calais placées les unes et les autres sur des voies de communication perfectionnées n'ont rien à craindre de la concurrence anglaise. La consommation croissante absorbera tous les produits, et, pour assurer mieux leurs bénéfices, les exploitants de houille n'auront qu'à abaisser un peu leur prix pour faire progresser cette consommation.

Par un article spécial les deux hautes puissances contractantes ont pris l'engagement de ne pas interdire l'exportation de la houille et de n'établir aucun droit à la sortie de ce combustible. L'intérêt de l'Angleterre nous rassurait complétement sur une telle éventualité. Toutefois nous avons voulu nous prémunir contre les inquiétudes si complaisamment répandues dans nos centres manufacturiers au début de la dernière campagne d'Italie et garantir par un contrat bi-latéral les appro-

visionnements de nos usines établies sur le littoral et de notre
marine marchande à vapeur.

XVII.

La disposition la plus considérable que nous ayons encore à
examiner est celle relative aux fontes , aux fers et à leurs dérivés.

Les stipulations qui concernent ces produits ont constitué la
partie la plus délicate de nos négociations avec les plénipotentiaires anglais.

Le droit actuel sur la fonte est de 48 fr. la tonne , les 2 décimes compris , celui sur les fers de gros échantillon , est de
120 fr.

Les négociateurs de la Grande-Bretagne demandaient la réduction des droits sur les fontes , les fers et les aciers à un
chiffre de 15 % *ad valorem.*

Dans l'enquête à laquelle s'est livrée Votre Majesté sur les
questions générales que soulevait la négociation , l'Empereur
a porté spécialement son attention sur cette grande industrie
du fer. Il a interrogé directement sur les conditions d'existence
de nos hauts fourneaux à la houille et au bois, des hommes
considérables qui se recommandaient à la fois par leurs études
scientifiques, leur expérience personnelle des faits et leur désintéressement.

Cette enquête a démontré que les propositions britanniques
pourraient faire courir des dangers sérieux et immédiats à la
métallurgie française. Elles ont été repoussées. Les droits à
l'importation de la fonte et du fer ont, en conséquence, après
de longs débats, été fixés à un maximum de 30 % de la valeur
jusqu'au 1er octobre 1864, et de 25 % à partir de la même
époque. Les bases d'évaluation fixées pour les autres produits
sont applicables à la fonte et au fer. L'enquête prochaine démon-

trera s'il n'est pas nécessaire d'atteindre ces limites *maxima*. Toutefois, Votre Majesté a pensé qu'une incertitude trop absolue sur ce grave sujet exposerait à des inquiétudes fâcheuses une industrie fondamentale de ce pays; ainsi, pour les fers de gros échantillon et les rails actuellement grevés d'un droit de 12 fr., les 2 décimes compris, l'art. 17 du Traité déclare que le droit sera de 7 fr. les 100 kilogrammes pendant la première première période, et de 6 fr. pendant la seconde.

XVIII.

Ces tarifications nous paraissent devoir concilier, dans la plus sage mesure, les intérêts contraires engagés dans cette question économique.

« Le fer, écrivait Turgot, n'est pas seulement une denrée de consommation utile aux différents usages de la vie; le fer qui s'emploie en meubles, en ornements, en armes, n'est pas la partie la plus considérable des fers qui se fabriquent et se vendent, c'est surtout comme instrument nécessaire à la pratique de tous les arts sans exception que ce métal est si précieux, si important dans le commerce. »

Combien ces vérités ont acquis plus d'énergie et plus de puissance dans le siècle actuel! Partout les efforts de l'homme substituent à la pierre et au bois le fer et la fonte. Dans les édifices publics et les plus modestes habitations, dans les grandes manufactures et les plus simples ateliers, l'architecte remplace les poutres volumineuses et les soliveaux par le fer, et obtient à la fois une économie de prix et d'espace.

Les fleuves sont franchis à l'aide d'immenses arceaux de fonte dont les proportions cyclopéennes étonnent le regard et provoquent l'admiration. La marine militaire ne fait plus du bois que l'élément secondaire de ses constructions navales; la marine marchande à vapeur imite ces progrès et quelquefois les evance.

L'agriculture, forcée de compenser la rareté des bras et l'élévation des salaires par des instruments économiques, multiplie l'emploi du fer dans ses exploitations, et ses efforts s'appliquent à un intérêt fondamental dans toute société, la production et le prix des denrées alimentaires. La nécessité de relier nos provinces les plus reculées aux grandes lignes de fer qui sillonnent aujourd'hui le territoire, apparaît chaque jour comme plus impérieuse et se formule comme une règle de haute justice distributive, quelquefois même comme une accusation d'oubli et d'abandon.

Pour le mouvement de toutes ces vastes entreprises qui sont la vie même de la nation, l'intérêt capital n'est-il pas d'obtenir le fer à bon marché?

Toutefois, si puissantes que soient ces considérations, si légitimes que puissent être les espérances d'une grande consommation facilitée par l'abaissement des prix, il était impossible de méconnaître les avantages exceptionnels que procure aux maîtres de forges anglais le rapprochement du minerai et de la houille, ainsi que la modicité des prix de ce combustible dans la Grande-Bretagne. Aussi, pour contenir la concurrence étrangère dans de justes limites, l'administration devra venir résolument en aide à la métallurgie française, en faisant exécuter avec une infatigable sollicitude tous les travaux, toutes les voies de communication destinées à favoriser de la manière la plus économique la production et la circulation de la houille ou du bois, les transports de minerai, la fabrication de la fonte et du fer. La réalisation de cette partie si importante du programme dressé par Votre Majesté sera poursuivie avec la volonté la plus énergique.

XIX.

Nous avons négligé dans cet exposé, quoique bien long déjà, l'analyse de nombreuses dispositions secondaires, qui s'expliquent et se justifient d'elles-mêmes. Nous devons cependant signaler parmi elles quelques stipulations qui ont une plus grande importance.

L'art. 9 décide que le droit d'importation pour celles des marchandises françaises dont les similaires anglais sont soumis à un droit d'accise ne dépassera pas le taux de cet impôt intérieur, et cet article fait l'application immédiate de ce principe de réciprocité au papier de tenture, sauf une légère surtaxe, et au carton.

L'art. 12 pose une règle de probité commerciale trop souvent violée, celle de la propriété internationale des marques et dessins de fabrique. Cette clause eût-elle été contraire à quelques intérêts d'un commerce parasite, que nous n'aurions pas hésité à en proposer l'adoption; mais, en réalité, notre industrie, celle notamment qui emploie les matières textiles, est trop souvent victime de la contrefaçon de ses dessins. Les étoffes sont imitées et contrefaites quelquefois même avant d'avoir été livrées au public. Des traités nombreux ont garanti la propriété littéraire entre les divers pays. Ce genre de propriété industrielle se recommande par les mêmes considérations et a le droit d'obtenir, par les Traités ou par les lois, une disposition qui la protége contre la fraude.

L'art. 10 établit la règle d'une complète et loyale réciprocité entre les bâtiments des deux marines marchandes et les marchandises dont ils sont chargés, pour tout ce qui concerne le traitement local, les droits et les frais dans les ports, les bassins, les chantiers, les rades, les havres et les rivières des deux pays.

L'art 3 témoigne de la haute sollicitude de Votre Majesté pour notre navigation en stipulant que les droits fixés à l'importation des marchandises anglaises sont indépendants des droits différentiels de pavillon et de provenance. La marine du commerce est un des premiers éléments de notre puissance, et constitue un de nos grands intérêts nationaux ; nous ne saurions exposer prématurément le pavillon français à une concurrence qu'il pourrait n'être pas en état de soutenir. Les modifications dont seraient susceptibles les surtaxes qui le protégent exigent encore des études approfondies.

Enfin, l'art. 18 déclare applicables toutes les dispositions de ce traité à cette magnifique possession si voisine de nos côtes qui est l'objet de la sollicitude spéciale de Votre Majesté.

XX.

Nous avons, Sire, examiné dans leurs détails les clauses du traité soumis à Votre haute appréciation. Qu'il nous soit permis, en terminant, d'en résumer en quelques mots, la portée et le caractère.

Et, d'abord, dans cette étude, nous n'avons certainement pas voulu comparer des avantages à des inconvénients, et dresser une sorte de compte de profits et pertes pour les deux pays, compte dont le solde constituerait, suivant les appréciations, le bénéfice acquis à l'une des deux puissances sur l'autre.

Non, à nos yeux, et les modifications du tarif anglais et la réforme de notre législation douanière convergent au même but, préparent à un égal degré, de nouveaux éléments de prospérité publique pour les deux pays. Cette lutte pacifique n'amènera ni victoires, ni défaites ; mais produira de louables émulations, des enseignements mutuels, des perfectionnements réciproques.

Inspirées par les sentiments de justice et de bienveillance mutuelle qui animent les gouvernements respectifs, ces conventions assureront le règlement équitable et le développement progressif des relations entre les deux États, et consolideront l'alliance des deux peuples.

Le commerce, qui, selon le langage de Mollien, «tend à faire des productions de chaque partie du globe une propriété commune à tous les peuples, qui a fait de l'Europe une grande famille, et qui, à côté des passions qui divisent les princes, a placé le contre-poids des besoins mutuels et des intérêts réciproques, » poursuivra, libre d'entraves surannées, son œuvre de développemement et de fécondation de la richesse des deux nations.

L'industrie devra sans doute renouveler sur quelques points un outillage arriéré, remplacer des mécanismes incomplets et rechercher par de sérieux efforts la possibilité de produire économiquement; mais le succès récompensera largement de tels sacrifices, et la production française sortira plus vigoureuse et plus florissante de ces épreuves salutaires.

Toutes ces prospérités profiteront directement à ces populations nombreuses dont Votre Majesté a étudié avec tant d'ardeur les intérêts et les besoins, et qu'elle environne de ses constantes sollicitudes. Elles se traduiront pour l'ouvrier en allégement dans les fatigues de sa tâche, en régularité sinon en élévation de son salaire, en diminution de prix pour tous les objets qu'il consomme, et que son travail doit procurer à sa famille.

La constitution économique du pays, grâce au développement des forces inanimées, sera moins troublée que dans le passé par cette sorte de déclassement de population que l'industrie opère au préjudice de l'agriculture, et l'équilibre, violemment rompu depuis quelques années, tendra à se rétablir.

En même temps Votre Majesté fera exécuter les travaux nécessaires à la force et à la prospérité d'un grand État, et avant peu ces témoignages de reconnaissance qui de tous nos grands ports de mer, de nos provinces viticoles, du sein des

industries de Lyon, de Saint-Étienne et d'autres grandes cités
manufacturières sont arrivés au pied du trône, ne rencontreront
dans le pays, éclairé sur ses véritables intérêts, parmi les chefs
d'industrie résolus à la lutte, ni résistance, ni refus d'adhé-
sion.

C'est avec une confiance profonde que nous soumettons le
traité de commerce du 23 janvier à l'approbation de Votre
Majesté.

> Nous sommes, Sire,
> De Votre Majesté,
> Les très-humbles, très-obéissants servi-
> teur et fidèles sujets.

Paris, le 24 janvier 1860.

*Le président du conseil d'État, — Le ministre secrétaire d'État au
chargé par intérim du dé-   département de l'agriculture,
partement des affaires étran- du commerce et des travaux
gères,   publics,*

> J. BAROCHE.   E. ROUHER.

TABLE DES MATIÈRES.

Strasbourg, typographie de G. Silbermann.

www.ingramcontent.com/pod-product-compliance
Ingram Content Group UK Ltd.
Pitfield, Milton Keynes, MK11 3LW, UK
UKHW020152130726
13696UKWH00002B/466

9 782019 229566